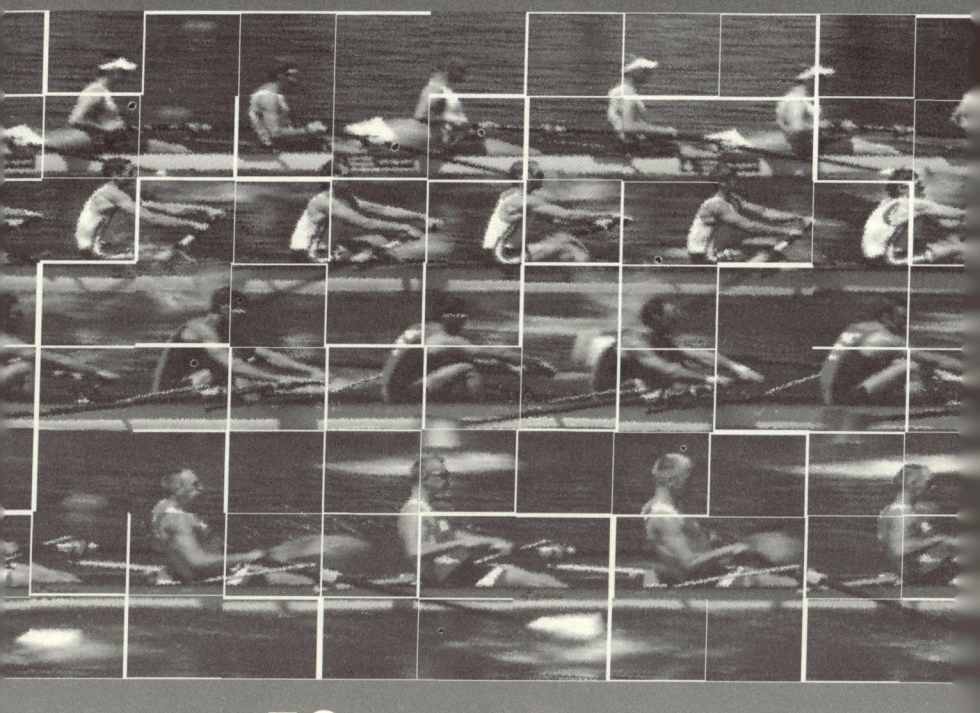

Indicadores de Desempenho
Desafios da Escolha e do Uso

Ronaldo de Fávero

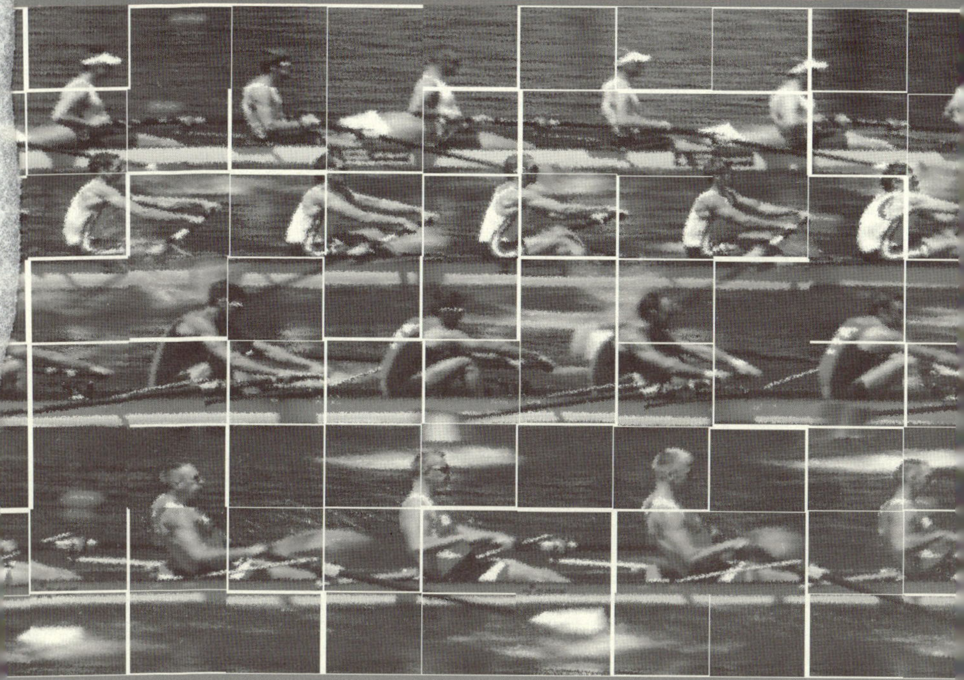

Indicadores de Desempenho

Desafios da Escolha e do Uso

Copyright© 2017 by Ronaldo de Fávero

Todos os direitos desta edição reservados à Qualitymark Editora Ltda.
É proibida a duplicação ou reprodução deste volume, ou parte do mesmo, sob qualquer meio, sem autorização expressa da Editora.

Direção Editorial	Produção Editorial
SAIDUL RAHMAN MAHOMED editor@qualitymark.com.br	EQUIPE QUALITYMARK

Capa	Editoração Eletrônica
EQUIPE QUALITYMARK	PS DESIGNER

CIP-Brasil. Catalogação na fonte
Sindicato Nacional dos Editores de Livros, RJ

F277i

    Fávero, Ronaldo de
    Indicadores de desempenho : desafios da escolha e do uso / Ronaldo de Fávero. – 1. ed. – Rio de Janeiro : Qualitymark Editora, 2017.
    200p. : il. ; 21 cm.

    Inclui bibliografia
    ISBN 978-85-414-0318-4

    1. Administração. 2. Controle de qualidade. 3. Gestão da qualidade total. I. Título.

16-34834   CDD: 658.562
                                                                                 CDU: 005.6

2017
IMPRESSO NO BRASIL

Qualitymark Editora Ltda.
Rua Teixeira Júnior, 441 – São Cristóvão   www.qualitymark.com.br
20921-405 – Rio de Janeiro – RJ   E-mail: quality@qualitymark.com.br
Tel.: (21) 3295-9800   Fax: (21) 3295-9824

Prefácio

"Prepare-se para o Pior e Espere o Melhor "

Certa vez, minha filha confidenciou que me considerava a pessoa mais otimista do mundo. Eu estava falando ao celular e acabei me emocionando ao ouvir as suas palavras.

Acho que naquele momento, após quase 31 anos de trabalho, sendo 23 anos como consultor independente, três pós-graduações concluídas, alguns projetos pessoais e profissionais tendo dado certo (e outros não) parecia que o resumo da ópera havia feito sentido, desde que a avaliação da minha filha fosse, sinceramente, aquela que ela externou.

Sempre procurei fazer mais do que fosse considerado como o mínimo, como minha obrigação, desde a minha infância, ao longo da adolescência, juventude e fase adulta. Acredito realmente no poder do trabalho e do estudo diários, constantes. Não acredito em grandes maratonas de estudo na véspera de uma prova ou dos serões no trabalho, para a entrega/finalização de um projeto.

Creio em se poupar pequenas quantias, ao longo dos anos, prática mais ou menos parecida com a apresentada na parábola da formiga e da cigarra. Guardar no verão, para usar no inverno.

Precisamos de bons indicadores de desempenho, para saber como estamos indo na nossa jornada, seja pessoal ou profissional. Temos realmente a necessidade de medir, para saber onde estamos, para comparar com nossa meta (onde queremos chegar) e para definir qual a velocidade e os recursos necessários.

Desde 1992, assessorei dezenas de empresas na implantação de indicadores de desempenho, como parte dos seus sistemas de gestão, mas descobri há alguns anos que indicadores de desempenho exercem verdadeiro fascínio nas pessoas. Tive a ideia de elaborar uma tabela, inicialmente com 55 exemplos de indicadores de desempenho, material compilado a partir da experiência de 20 anos em consultoria em gestão e divulgá-la num website de relacionamentos profissionais. Chegaram várias solicitações de cópia da tabela. Muitas vezes, além de um agradecimento, recebi novos exemplos de indicadores. A tabela foi então revisada algumas vezes. Mais de 6.000 pessoas receberam cópia das diversas edições da mesma. Várias edições da tabela foram acessadas, via Internet, mais de 30 mil vezes, o que demonstra o interesse das pessoas pelo assunto.

Dediquei-me para valer ao assunto: fiz pesquisa, li livros e artigos, ministrei palestras, aulas. Comecei a ser questionado por algumas pessoas do porquê não escrever um livro, algo que parecia distante até agora.

Posso dizer realmente que me apaixonei pelo assunto. Ampliei um pouco o foco, para incluir a gestão do desempenho da empresa, sempre com a utilização dos indicadores.

Este livro é dividido em sete partes principais:

1. Teoria sobre os Indicadores de Desempenho
   a. O desafio da escolha dos indicadores *certos*: quais as propriedades dos indicadores?
   b. O desafio do uso dos indicadores: como definir metas? Como analisar os resultados? Quando tomar ações?
2. Indicadores e as Normas de Gestão e Metodologias
   Quais são os requisitos relacionados aos indicadores, que constam nas normas de gestão da qualidade, de saúde e segurança e meio ambiente?
3. Formatos de Relatórios

Prefácio ■ VII

   As propriedades dos bons relatórios.
4. Técnicas e Conceitos Consagrados Relacionados à Gestão do Desempenho
   São apresentados técnicas e conceitos que utilizam, de alguma maneira, indicadores e formas para se melhorar os resultados dos mesmos.
5. Gestão do Desempenho e a Questão Comportamental
   Que tipos de reações as pessoas apresentam, na busca do alcance das metas, muitas vezes definidas por outras pessoas?
6. Casos Reais sobre Desempenho
   Apresentados 30 casos. Preservei os nomes dos locais onde essas histórias se passaram. Ainda assim, nenhuma informação confidencial ou privilegiada foi relatada.
7. 500 Exemplos de Indicadores (a maioria comentada)
   Mais de 20 áreas representadas.

Tentei ser ético ao escrever este livro, no sentido de ser fiel à realidade dos casos apresentados, sem exagero e sem ter em mente prejudicar as partes envolvidas.

Percebi que tive um crescimento e desenvolvimento como pessoa, como profissional, como professor, como palestrante e como autor, ao escrever este livro. Ler novamente os livros que eu já havia lido, ler novos livros e artigos, fez com que me desenvolvesse e percebesse a minha mudança. Isto é muito bom.

Sem dúvida alguma, já valeu a pena a dedicação a este projeto.

Espero que o leitor possa aproveitar cada parte deste livro, para o desenvolvimento da sua carreira, da sua empresa e da sua vida.

Fico à disposição para comentários, sugestões, críticas, para que esta obra possa ser revisada e melhorada, em novas edições.

Santo André, 25 de Janeiro de 2016
Ronaldo de Fávero

Sumário

Prefácio V
1 Teoria sobre os Indicadores de Desempenho 1
   a. O desafio da escolha dos indicadores *certos* 1
   Fatores críticos de sucesso (FCS) 3
   As dez propriedades dos bons indicadores(2) 4
   SMART 8
   Tipos de indicadores (15) 8
   KRIs (Indicadores chave de resultado) (15) 8
   RIs (Indicadores de resultado) (15) 9
   Indicadores financeiros e contábeis: 9
   PIs (Indicadores de desempenho) (15) 9
   KPIs (Indicadores chave de desempenho) (15) 10
   Indicadores *leading* 12
   Indicadores *lagging* 12
   Quais indicadores definir 12
   Quantos indicadores deve se ter 14
   Quem deve definir os indicadores 14
   Qual o propósito dos indicadores 14

Em quais níveis de gerenciamento
devem ser definidos indicadores (13): 15

A qual tentação deve-se resistir 15

b. O desafio do uso dos indicadores 16

Como se calcular cada indicador? 16

Como definir a meta para cada indicador? 17

Quem deve definir as metas? 20

Como se alcançar as metas? 20

O que monitorar? 21

Qual o período que deve ser analisado? 24

Quando se tomar ação, em função dos resultados? 25

Como se registrar as análises dos resultados? 25

O que divulgar e para quem divulgar os resultados? 25

Como divulgar os resultados? 26

Como divulgar resultados sigilosos? 27

Deve-se recompensar as pessoas pelo
alcance das metas? 27

Deve-se buscar o alcance das metas
a qualquer custo/preço? 28

Qual a importância do acompanhamento
dos planos traçados? 29

Quais as características típicas dos relatórios
gerados nas empresas? 29

2 Formatos de Relatórios 31

Indicadores e a sustentabilidade:
Global Reporting Initiative (GRI) 32

3 Indicadores e as Normas de Gestão e Metodologias 33

4 Técnicas e Conceitos Consagrados
Relacionados à Gestão do Desempenho.................................. 35

5 Gestão do Desempenho e a Questão Comportamental.......... 67

6 Casos Reais sobre Desempenho 81

7 500 Exemplos de Indicadores (a maioria comentada) 105

Referência Especial... 177

Bibliografia... 179

Sobre o autor.. 185

1
Teoria sobre os Indicadores de Desempenho

"Questões complexas não possuem respostas simples..."

a. O desafio da escolha dos indicadores *certos*

Da mesma forma que no cotidiano das pessoas as medições estão presentes (exemplos: velocidade dos veículos, pressão arterial, peso das mercadorias), os indicadores também estão presentes na vida das empresas e são importantes para a manutenção da saúde (e da vida) das mesmas.

A escolha e o uso de indicadores de desempenho têm se revelado um assunto bastante desafiador na quase totalidade das empresas que conheço.

As normas e especificações técnicas que definem requisitos para a implantação e certificação dos sistemas de gestão da qualidade (ISO 9001, ISO/TS 16949, ISO/TS 29001), saúde e segurança (OSHAS), ambiental (ISO 14001) exigem o estabelecimento de políticas, de processos, de formas de se monitorar e medir certos parâmetros, e dos critérios e métodos para a tomada de ações, quando os resultados não forem satisfatórios.

As políticas (da qualidade, ambiental, de saúde e segurança e integrada) geralmente são desdobradas em indicadores de desempenho, que são correlacionados aos processos da empresa, às partes interessadas da mesma (tais como os clientes, colaboradores, acionistas, fornecedores, comunidade, governo) e aos assuntos como melhoria contínua, prevenção da poluição, prevenção de acidentes, entre outros.

Perguntas que exigem respostas ao se tentar implantar indicadores de desempenho, como parte importante da gestão da empresa: o que medir, por que medir, quem deve medir, quando deve medir, como se deve medir, onde medir, por quanto tempo medir?

Este livro faz uma abordagem preferencial, no uso dos indicadores, em engajar e energizar as pessoas, ao invés de pregar um gerenciamento conhecido como *comando e controle*. Um dos meus autores preferidos, Jeremy Hope, citava em suas obras o declínio desse modelo de gestão. No lugar desse modelo, ele apresentava as características das empresas adaptativas, onde a tomada de decisões, as inovações, as alocações de recursos, deveriam estar o mais próximo das equipes da linha de frente. Confiança, transparência e engajamento aparecem, com frequência, em seus artigos e livros.

Vamos apresentar, ao longo do texto, vários conceitos e técnicas de gestão que possuem forte proximidade com os indicadores, além de aspectos comportamentais relacionados aos mesmos.

Estudos evidenciam que o gerenciamento continua sendo mais uma arte do que uma ciência (32). Por isso, não tenho a pretensão de apresentar nenhuma verdade absoluta ao longo deste livro.

"Empresas excepcionais são feitas de pessoas excepcionais e uma cultura de alto desempenho" (1). Para se obter um alto desempenho, uma das ferramentas utilizadas são os indicadores de desempenho e fazer a escolha dos indicadores *certos* se configura num dos grandes desafios empresariais.

Fatores críticos de sucesso (FCS)

FCS é a lista de questões ou aspectos do desempenho da organização que determinam a saúde, vitalidade e o bem-estar constantes. Normalmente, existem entre cinco a oito FCS em qualquer organização (15).

Nem todas as empresas identificam e reconhecem seus FCS. Os FCS precisam estar alinhados às estratégias, medições, objetivos e ações. Se não estiverem, pode ser a causa de ações e comportamentos errados (13).

Uma companhia de distribuição chegou à conclusão de que o seu FCS seria a utilização dos caminhões tão próxima às suas capacidades de carga quanto possível (15).

O FCS definido pela British Airways é a aterrisagem da aeronave na hora certa. Quando isso não ocorre, desencadeia-se uma séria de consequências ruins para o negócio da empresa.

Cada FCS pode motivar a escolha de vários indicadores de desempenho.

Indicadores individuais raramente são suficientes para dizer se um fator de sucesso está sendo alcançado. Boa prática: escolher de três a cinco indicadores para cada fator de sucesso.

Pode-se buscar uma triangulação, para confirmar se os indicadores *contam a mesma história*.

Exemplo: avaliação do relacionamento com os clientes em três questões – quão boa a empresa é:

- Na atração de novos clientes ? Exemplos de indicadores:
    - Número de seminários;
    - Contatos um a um;
    - Demonstrações;
    - Prospectos;
    - Propostas;
    - % de propostas que são fechadas (taxa de conversão).
- Na satisfação dos clientes atuais?
- Na melhoria da lucratividade?

Na escolha dos indicadores apropriados, algumas questões devem ser levantadas:

As dez propriedades dos bons indicadores(2)

1. São derivados da estratégia ou do propósito do negócio?
   Estratégia: são as ações combinadas de uma empesa com o objetivo de vencer a concorrência. Para se falar em estratégia, devem estar envolvidos três elementos: a empresa, o mercado e a concorrência (50).

Estratégia ou proposição de valor (2)	Exemplos de indicadores
Liderança do produto	Crescimento orgânico, % das vendas de novos produtos, recrutamento de talentos, quantidade de patentes registradas.
Excelência operacional	Cadeia de fornecimento, tempo de ciclo de processo, qualidade, utilização de ativos.
Intimidade com o cliente	Retenção dos clientes, reclamações dos clientes, reclamações resolvidas na primeira vez, compras dos clientes e deserções.

Objetivos estratégicos: o que o sucesso se parece em um horizonte de tempo de médio prazo (21)?

2. Fornecem clara direção ou guia a respeito do que é importante?

Podemos definir a cultura da empresa: a combinação entre os valores e as práticas da mesma. Em empresas pequenas e até médias, de propriedade e/ou gestão familiares, a cultura é fortemente influenciada por aquilo que pensam e acreditam os membros da família proprietária. Por isso, não adianta querer se criar um conjunto de indicadores de desempenho de classe mundial, se os proprietários e tomadores de decisão (de fato) não estiverem comprometidos com a empreitada.

3. Encorajam o comportamento certo?
   Não é raro uma meta, ou algumas metas, motivarem um comportamento indesejado.
   Podemos mencionar alguns exemplos:
   - Investimentos não realizados para se obter um resultado melhor (com impacto na remuneração do executivo), comprometendo o futuro da empresa;
   - Concessão de descontos nos preços, para se bater a meta de vendas (e não de lucratividade);
   - Postergação de pagamentos, para se obter um resultado melhor, criando-se muitas vezes uma tensão entre cliente e fornecedor e ainda encarecendo ao final as compras, em função de juros cobrados.

4. São compreensíveis?
   Com certeza, uma das dificuldades na compreensão dos indicadores de desempenho é a representação gráfica dos mesmos. E por que? Em geral, devido à baixa escolaridade do povo brasileiro e ao baixo nível do ensino, principalmente da matemática. A matemática é considerada uma vilã por muitos alunos, e a representação gráfica de funções faz parte destas dificuldades.

   Para *ajudar*, incluímos no assunto conceitos como tendência, média, entre outros, e aí a confusão está feita! Vamos ver, mais à frente, como minimizar esta dificuldade.

   Além disto, existem indicadores que são tão complexos, que os membros da equipe nem entendem como podem colaborar para o alcance da meta.

   Os colaboradores devem compreender:
   - O que está sendo medido;
   - Como está sendo calculado;

- Qual o impacto do que é feito (e do que não deveria ser feito) no resultado (12).
5. Podem ser utilizados tanto com resultados históricos quanto com previsões?

   Muitos indicadores são utilizados para se entender a história de um processo. São indicadores de saídas, de resultados de processos. Outros são utilizados para monitorar a entrada de recursos, que são utilizados para se alcançar resultados satisfatórios.
6. Levam a uma rápida ação se os resultados não forem satisfatórios/ se a linha de tendência mudar?

   É importante que através dos resultados obtidos, se saiba quais ações devem ser tomadas, para que o resultado do indicador seja melhorado, o mais rápido possível, por meio de ações tomadas pela equipe da linha de frente.
7. Os dados podem ser coletados de uma forma precisa e a tempo?

   Parece mentira, mas não é: as empresas investem milhões de reais na implantação de sistemas ERP (*Enterprise Resource Planning*), porém quando precisam calcular e monitorar indicadores de desempenho, acabam utilizando planilhas eletrônicas. Muitas vezes, a coleta de dados se mostra uma tarefa demorada e imprecisa.
8. Pertencem ao time da linha de frente?

   O ideal seria, ao menos, o time da linha de frente opinar quanto à escolha dos indicadores de desempenho das atividades e processos sob a responsabilidade do mesmo. Claro que para opinar, estes membros precisam ter conhecimento sobre indicadores. É de se esperar que os indicadores definidos pala alta gerência possam não ter a mesma aceitação, e serem até considerados como uma imposição.
9. Fornecem resultados relativos?

   9.1 – Podemos dizer que os indicadores são relativos, quando os resultados são comparáveis com parceiros, concorrentes ou *benchmarks*. Nesses casos, não há números para alcançar. Exemplos de metas: *estar acima da média ou avançando no ranking* ou, ainda, *tendência positiva*. A vantagem, desta forma, é que não se requer redefinição periódica das metas (21).

Sam Walton, fundador do Walmart (27), citava a paixão pela competição. Acredito que seja saudável competir interna e externamente, mas sem exageros. Deve-se equilibrar a competição com a colaboração, sempre que possível.

Pode-se também comparar o desempenho da empresa através de estudos publicados no mercado (2):

- ACSI : American Customer Satisfaction Index – qualidade dos produtos e serviços, pela perspectiva dos clientes;
- JD Power : desempenho relativo dos carros, em muitos países;
- The Great Place to Work Institute: satisfação dos colaboradores.

9.2 – Também podemos considerar os indicadores como relativos quando os resultados são apresentados em %, ppm (partes por milhão), quantidade de ocorrências para cada 200.000 horas trabalhadas etc. Nesses casos, é possível a comparação entre *players* e ao longo do tempo.

10. Ajudam a avaliar e recompensar os times justamente?

Avaliações de desempenho individuais não incentivam o trabalho em equipe.

O assunto *avaliação de desempenho* merece escrever outro livro...

No Handelsbanken e na Southwest Airlines, a participação nos lucros é coletiva, o que encoraja a cooperação e o compartilhamento. Nestas empresas, o *turnover* (rotatividade) do pessoal é baixo (13).

SMART

Outra forma de se avaliar um indicador:

S	*Simple*	Simples de ser compreendido
M	*Mensurable*	Mensurável – os dados devem ser prontamente coletados
A	*Actionable*	Direcionado à ação – leva à mudança de comportamento/ação
R	*Relevant*	Relevante – ao nível, propósito e estratégia
T	*Timely*	A tempo

Tipos de indicadores (15)

Imagine que estivéssemos descascando uma cebola: das camadas externas, no sentido para o centro da mesma, teríamos os tipos de indicadores KRIs, RIs e PIs, KPIs. Cada um dos indicadores ainda pode ser classificado como de eficiência ou de eficácia. Uma última forma de se classificar os indicadores: *leading* ou *lagging*.

KRIs (Indicadores chave de resultado) (15)

- São os resultados de muitas ações, gerenciadas através de uma variedade de medidas de desempenho;
- Dão uma ideia clara se está se seguindo na direção certa;
- Não dizem o que se precisa fazer para melhorar os resultados;
- Indicam como se está indo num fator crítico de sucesso;
- São ideais para se relatar o desempenho ao conselho de administração;
- Normalmente a única pessoa responsável por um KRI é o CEO;

- Normalmente são registrados de maneira gráfica em séries superiores a 12 meses;
- São analisados criticamente em ciclos mensais/trimestrais.

Exemplos:

- Satisfação dos clientes;
- Lucro líquido antes dos impostos;
- Lucratividade dos clientes;
- Satisfação dos colaboradores;
- Retorno sobre o capital empregado.

RIs (Indicadores de resultado) (15)

- Resumem uma atividade dentro de um fator de sucesso (FS) ou de um fator crítico de sucesso (FCS), mas não podem estar ligados a uma atividade distinta, são resultado de mais de uma atividade;
- Dizem o que foi feito, não dizem o que deve ser feito;
- Abordam um prazo menor que os KRIs;
- Todas as medidas de desempenho financeiro são RIs.

Exemplos:

- Lucro líquido sobre linhas de produtos chave;
- Vendas feitas no dia anterior;
- Reclamações dos clientes chave;
- Utilização de leitos hospitalares na semana.

  Indicadores financeiros e contábeis:
  - Informam o placar, mas
  - não ajudam a *jogar* e ganhar o jogo.

PIs (Indicadores de desempenho) (15)

- Dizem o que fazer, focam em uma atividade específica;

- Estão ligados a uma atividade distinta; toda a equipe compreende qual ação é requerida para melhorar o PI;
- Enquanto importantes, não são chaves ao negócio;
- Ajudam os times a alinhar-se com a estratégia da organização; atividade específica impacta em um dos fatores de sucesso (FS) ou fatores críticos de sucesso (FCS);
- Não são medidas financeiras;
- Complementam os KPIs.

Exemplos:

- % de aumento nas vendas com os clientes top 10;
- Número de sugestões de colaboradores implantadas nos últimos 30 dias;
- Ligações de vendas organizadas para as próximas duas semanas;
- Entregas com atraso para clientes chave.

KPIs (Indicadores chave de desempenho) (15)

Representam um conjunto de medidas que focam aqueles aspectos do desempenho da organização que são os mais críticos para o seu sucesso atual e futuro.

Características:

- Não são medições financeiras;
- São medidos frequentemente (24/7, diariamente ou semanalmente);
- São acompanhados pelo CEO e pelo time de gerenciamento sênior;
- Indicam claramente qual ação é necessária pela equipe;
- São medidas que atribuem responsabilidades à equipe, para aumentar dramaticamente o desempenho;
- Têm uma impacto significativo: afetam um ou mais fatores críticos de sucesso – FCS e mais que uma perspectiva do BSC (*balanced scorecard*);

- Devem refletir o comportamento que se deseja encorajar;
- Estimulam a ação apropriada (têm um impacto positivo no desempenho);
- Ligam atividades diárias da equipe aos objetivos estratégicos;
- Capacitam os gerentes a continuamente aprender e melhorar (12).

Na British Airways, foi eleito somente um KPI: avião atrasado (13 e 15).

Cada um dos tipos de indicadores ainda pode receber uma segunda classificação: indicadores de eficiência ou de eficácia.

Indicadores de eficiência: relacionam um resultado a um recurso. Portanto, são necessários um numerador (resultado) e um denominador (recurso).

Exemplos:

- Faturamento (em $)/horas pagas;
- Km rodados/litro de combustível;
- Quantidade de passageiros/voo;
- Quantidade de atendimentos/dia.

Indicadores de eficácia: relacionam um resultado obtido com um resultado esperado (meta), seguindo-se os planos traçados.

Exemplos:

- Entregas aos clientes no prazo;
- Inadimplência;
- Prazo médio para recebimento;
- Rotatividade do pessoal.

Cada um dos tipos de indicadores ainda pode receber uma terceira classificação: indicadores *leading* ou *lagging*.

Indicadores *leading*

Medem as entradas de uma atividade ou processo. Criam resultados.

Conseguimos influenciar os resultados dos processos ao tomar ações, em função dos indicadores de entrada.

Em geral, estes indicadores são relacionados aos recursos que alocamos aos processos: tempo, pessoas, $ etc.

Indicadores *lagging*

Medem a saída ou os resultados (21).

Muitas vezes, temos a impressão de que não podemos influenciar os resultados dos processos, medidos através desses indicadores. Isto ocorre porque privilegiamos os indicadores de saída.

Quais indicadores definir

Deve-se levar em conta os seguintes elementos, ao se selecionar indicadores:

- Fatores críticos de sucesso (FCS): a grande maioria das empresas define indicadores não correlacionados aos seus fatores críticos de sucesso;
- Partes interessadas: clientes, colaboradores, fornecedores, comunidade, governo, sindicatos. É interessante se definir indicadores que meçam a *temperatura* da relação com cada parte interessada;
- Processos: um processo é uma sequência de atividades, com agregação de valor. Se a empresa não possui seus processos mapeados e definidos, seria uma boa prática providenciá-los. Caso contrário, ao se identificar um desempenho inferior ao esperado, onde atuar?

A escolha da medição não é somente uma questão matemática mas sim, de julgamento do risco assumido (23).

Teoria sobre os Indicadores de Desempenho ■ 13

Processos Partes Interessadas	Vender	Adquirir e suprir	Fabricar	Gerir Negócios	Gerir Recursos Humanos
Clientes	Indicador#1				
Colaboradores					Indicador#2
Fornecedores		Indicador#3			
Comunidade				Indicador#4	
Governo				Indicador#5	
Sindicatos				Indicador#6	

Ou seja:

O Indicador #1 serve para medir e monitorar o processo Vender e verificar o atendimento às necessidades e expectativas dos Clientes;

O Indicador #2 serve para medir e monitorar o processo Gerir Recursos Humanos e verificar o atendimento às necessidades e expectativas dos Colaboradores;

O Indicador #3 serve para medir e monitorar o processo Adquirir e suprir e verificar o desempenho dos Fornecedores;

O Indicador #4 serve para medir e monitorar o processo Gerir Negócios e verificar o atendimento às necessidades e expectativas da Comunidade;

O Indicador #5 serve para medir e monitorar o processo Gerir Negócios e verificar o atendimento às exigências dos Governos;

O Indicador #6 serve para medir e monitorar o processo Gerir Negócios e verificar o atendimento às necessidades e expectativas relacionadas às relações Sindicais.

O processo de escolha dos indicadores pode envolver tentativa e erro. A boa notícia é que aprendemos fazendo, e falhar é instrutivo, tanto individualmente quanto coletivamente. Aprende-se tanto com as falhas quanto com o sucesso. Porém, quando acertamos, não nos importamos (35).

Falhar tem a ver com expectativas. Pode-se falhar até quando se tem sucesso, pois as coisas acontecem de uma maneira que não esperávamos. Nossas previsões estão frequentemente erradas (35).

Deve-se evitar a tentação de *recortar e colar* algo que foi visto em outra empresa e que agradou. Deve-se levar em consideração as características/particularidades de cada empresa(30).

Com certeza, com o tempo ocorre o *ajuste fino*, com a eliminação dos indicadores que não são mais apropriados à empresa, com a adaptação de alguns que são mantidos e a escolha de novos.

Quantos indicadores deve se ter

Uma regra simples é ter uma quantidade de indicadores que os membros das equipes possam lembrar *de cabeça*. Em geral, não se deve ter mais que sete indicadores para cada membro da equipe, de acordo com o professor de Harvard, Robert Simon (12).

Uma boa prática: escolher um ou dois indicadores de eficiência e de eficácia para cada processo, parte interessada ou *assunto*.

Quem deve definir os indicadores

Uma boa prática: os membros da equipe de frente devem definir os indicadores, para que os mesmos tenham um senso de propriedade e não sintam uma imposição por parte da gerência. O planejamento e a tomada de decisão devem ficar mais perto dos times da linha de frente (13).

Qual o propósito dos indicadores

As empresas precisam decidir se querem utilizar os indicadores num ambiente de comando e controle (o que é muito comum de se encontrar) ou se preferem utilizá-los como uma forma de estimular o questionamento e melhorar o desempenho das equipes. Em muitas empresas, as pessoas são recompensadas somente pela conformidade, pelo atendimento às regras, procedimentos (13). Segundo Jeremy Hope, o controle efetivo poderia ser obtido pelo monitoramento de padrões, tendências e anormalidades, e não através da conexão entre medição, metas e recompensas.

Os resultados deveriam ser comparados:

- Entre os pares:
  - membros da equipe;
  - empresas de um mesmo grupo econômico;
  - empresas que participam de um grupo de *benchmarking*
- Com períodos anteriores e não com metas fixas.

Em quais níveis de gerenciamento devem ser definidos indicadores (13):

Ao nível de	Derivado
Processo	Do propósito do processo e focar nos fluxos de processo, ao invés de atividades individuais.
Unidade de negócios	Da estratégia e focar na proposição de valor ao cliente. Pode-se utilizar o *balanced scorecard*.
Grupo/companhia	Da melhor forma de comunicar resultados às partes interessadas.

Se todos os indicadores estiverem alinhados por meio de um relacionamento causa-efeito, a empresa estará alinhada para garantir a sua própria sobrevivência (1). O consultor Falconi conta uma história de uma empresa onde todos os diretores haviam batido as suas metas, mas o CEO, não. Então, Falconi orientou o CEO a adequar o sistema de mensuração do desempenho da empresa, com a definição de indicadores numa relação de causa-efeito.

A qual tentação deve-se resistir

Não escolher indicadores por serem fáceis de apurar/atualizar. Muitas empresas não resistem a esta tentação. Acabam medindo o monitoramento, o que é mais fácil e não o que é mais importante.

b. O desafio do uso dos indicadores

Os indicadores foram escolhidos. E, agora?
As dúvidas mais comuns são:

Como se calcular cada indicador?

Cada indicador tem uma fórmula. Neste livro apresentamos 500 exemplos de indicadores, a maior parte deles comentada. Espero que os leitores interpretem estes exemplos como um cardápio e, como tal, possam escolher as melhores opções para as suas empresas.

O cálculo dos indicadores deve ser facilitado pela informática. Com os modernos sistemas ERP (*Enterprise Resource Planning*), a obtenção de resultados prontos ou dos elementos necessários para o cálculo dos mesmos deve estar disponível ou ser de fácil obtenção.

Outra opção (bastante utilizada) é o uso de planilhas eletrônicas para o cálculo dos indicadores. A facilidade em se *traçar* a linha de tendência também é mais uma motivação para o uso das planilhas. Cuidados a se tomar:

- Atenção especial deve ser dada à validação das fórmulas utilizadas. Um método bastante simples e eficaz é lançar os dados na planilha e comparar os resultados obtidos com os esperados;
- A seleção da faixa de dados a ser considerada para o cálculo e para a representação gráfica também deve ser feita com bastante cuidado. É muito comum a utilização de uma faixa de dados não adequada, comprometendo-se assim os resultados e a análise.

Além da exatidão nos cálculos, outra questão que não pode ser desprezada é o retrabalho na digitação de dados de um sistema para outro. Sem dúvida alguma, esta atividade não agrega valor, e ainda está sujeita à entrada de dados errados. A maior parte do tempo deste processo deveria ser dedicada à análise dos resultados e à tomada de ações, e não às ações *mecânicas*.

Como definir a meta para cada indicador?

Podem-se utilizar diversas técnicas, como:

- Variação percentual (redução ou aumento) em relação a um resultado obtido anteriormente. Não se deve subestimar este método. Uma melhoria de 15%, em cinco ciclos repetidos, resulta em uma variação de mais de 100%:

  1,15*1,15*1,15*1,15*1,15 = 2,011 ou mais que 100%.

  Porém, muitas empresas já concluíram que não adianta ter um desempenho melhor que o do período anterior (exemplo, ano anterior). É necessário ter um desempenho comparável aos dos mais duros concorrentes (12).

- Comparação com concorrentes – a dificuldade aqui é obter informações (confiáveis) da concorrência.

- Comparação com outras empresas do mesmo grupo econômico – o importante é que o indicador seja calculado de maneira padronizada e que haja honestidade no cálculo do mesmo. Exemplo: nos Hotéis Hilton, busca-se redução de 25% do *GAP* entre unidades do grupo de Hotéis.

  Por exemplo, se num determinado quesito:

  A melhor unidade avaliada obtiver 9,00 e a pior, 7,00, o *GAP* é de 2,00 pontos.

  Portanto a nova meta da pior avaliada, para aquele quesito, num próximo período passa a ser 0,25 (25%) * 2,00 (*gap* entre a melhor e a pior unidade) = 0,50 + 7,00 (resultado anterior) = 7,5 (nova meta).

- Comparação com *benchmarks* – o importante é ter acesso às informações confiáveis e entender o processo que está por trás dos resultados obtidos. Jack Welch promoveu *benchmarking* na GE por muitos anos. Ele atribui muito do sucesso sustentado da empresa à quebra das barreiras do pensamento interno e *benchmarking* com outras companhias de ponta (13).

- O consultor Falconi (1) recomenda a melhoria de 50% do GAP entre resultado e meta. Exemplo:
  meta: 9,5
  resultado obtido: 8,5
  gap: 9,5-8,5=1,0
  Uma boa prática seria definir a nova meta considerando-se o resultado obtido + 50% do *gap*.
  Neste caso, 8,5 + 0,5 (50% do *gap*) = 9,0 (nova meta).
  Já utilizei este método com resultados bem expressivos. Eu o recomendo. Deve-se levar em conta que é um método bem agressivo.

- Faixas (bandas) – no Brasil, a meta anual de inflação foi tratada pelo Governo Federal, nos anos de 2014/2015 como uma banda que ia de 2,5% a 6,5%. O valor de 4,5% é chamado de centro da meta, 6,5% é considerado o teto da meta; acertar uma meta *na mosca* pode ser considerado um exercício de futurologia. Neste caso, a definição de uma banda faz mais sentido.

- Cenários (diferentes resultados esperados – metas – em função das várias formas nas quais o futuro pode se revelar), ao invés de um simples ponto!

Segundo Falconi (1):

- metas bem distribuídas são a força motriz para a aquisição do conhecimento: quando temos um desafio pela frente, precisamos pesquisar, estudar, refletir, para achar a solução do problema. Para Falconi, uma meta não atingida é um problema;

- a meta deve ser difícil, mas não impossível de ser atingida. Quando atingida, deve ser comemorada, ou mais que isto, celebrada. Infelizmente, existem empresas apáticas, que não comemoram suas conquistas; já os problemas, elas adoram curtir, como um adolescente apaixonado e não correspondido pela pessoa amada...

- a meta fácil de ser atingida não leva à busca do conhecimento; na verdade, a meta fácil de ser atingida não é nada motivacional – não requer que os envolvidos se desenvolvam, adquiram novas habilidades, novos conhecimentos, novas ferramentas;
- a meta impossível de ser atingida leva ao desânimo e não à busca do conhecimento; acreditando que a meta não é possível de ser atingida, por que se esforçar?
- ao se atingir uma meta, deve-se elaborar novos procedimentos operacionais padrão → treinamento no trabalho → novo conhecimento adquirido pela empresa → resultados estáveis. Para que se possa repetir o resultado obtido, ou superá-lo, deve-se documentar as lições aprendidas. Dizem que os preparativos para uma festa podem ser mais gostosos do que a própria festa. Dizem também que os preparativos para uma viagem podem ser mais interessantes do que a própria viagem. Podemos acreditar então que o processo para se alcançar ou superar uma meta seja mais interessante do que chegar lá.

Segundo Hope (13), metas muito agressivas e incentivos podem motivar estratégias de alto risco e comportamento errado.

Segundo Falconi (1), empresas excepcionais são feitas de pessoas excepcionais e uma cultura de alto desempenho.

Segundo Sharma (25), devem-se estabelecer objetivos e metas agressivos, pois estamos concorrendo com o mundo inteiro. Podemos concluir então que devemos utilizar *benchmarks* mundiais. Não adianta ser o melhor do bairro, da cidade, do estado, do país! Uma empresa localizada no outro lado do mundo pode estar, neste exato momento, conquistando os nossos clientes.

Segundo Fifer (26), não existe objetivo mais motivacional para as equipes do que ser a melhor empresa e cada um, como indivíduos, serem os melhores. Pode parecer um pouco arrogante da minha parte, mas já experimentei ter como meta ser a melhor empresa de um grupo composto por cinco empresas. Eu convidava, com frequência, a minha equipe a trabalhar intensamente, no sentido de nos tornarmos a melhor empresa do grupo.

Segundo Walton (27), deve-se estabelecer objetivos e em um nível elevado. Sua mãe o ensinou que ele deveria ser o melhor em tudo que fizesse. Ele sempre estabeleceu metas pessoais extremamente altas. Uma coisa é certa: as pessoas raramente se lembram do vice-campeão de um torneio. Pior ainda, do terceiro colocado...

Quem deve definir as metas?

As pessoas responsáveis pelo desempenho medido. Devem participar desta definição as pessoas mais próximas à linha de frente, que trabalham na zona de valor, entre a empresa e os clientes (12). Existe um conflito de interesses ao se negociar metas entre os membros das equipes, os gestores e a alta direção. Normalmente, a alta direção almeja o estabelecimento de metas bastante desafiadoras, para o bem da empresa. Já o pessoal de outros níveis hierárquicos pode preferir estabelecer metas num nível mais baixo, para que as mesmas possam ser atingidas e, consequentemente, uma parcela significativa de remuneração variável/bônus seja recebida.

Como se alcançar as metas?

Através da:

- Autonomia às equipes: ponto muito importante. Precisamos ter pessoas competentes ao nosso lado, mas que possuam autonomia para pensar, propor alternativas;
- Elaboração e implantação de planos de ação: os membros da equipe devem ser competentes em técnicas de análise e solução de problemas; não são todas as equipes que conseguem elaborar planos de ação robustos. Se for necessário, podemos recorrer à ajuda interna, por exemplo, da coordenação do sistema de gestão;
- Análise dos resultados dos indicadores:

- periódica, de maneira disciplinada. Pode ser necessário até acompanhamento diário dos resultados;
- em função de eventos significativos, por exemplo, após alocação de recursos, execução de treinamentos, disparada da cotação de moeda estrangeira ou desvalorização acelerada etc.
- Tomada de ações e da implantação das ações dos planos;
- Revisão e atualização dos planos.

O que monitorar?

- **Resultado individual** (do dia, da semana, do mês etc.) em relação à meta: este resultado permite uma reação (ação imediata) para tentar reverter um resultado insatisfatório ou se manter um resultado desejado;
- **Média** em relação à meta: as médias são menos sensíveis que os resultados individuais. Daí a importância das mesmas para se construir e visualizar a linha de tendência, que pode ser resultante da plotagem das médias ao longo do tempo;

Questões sobre o resultado médio de cada indicador:

- Se o prazo terminasse agora, qual seria o resultado? Teríamos alcançado a meta?

Muitas empresas utilizam o final do ano fiscal como prazo para o alcance das metas. Outras utilizam dezembro. Outras, ainda, avaliam o alcance ou não da meta a cada três meses. Outras, a cada seis meses.

Questões feitas sobre os resultados de cada perspectiva do BSC (clientes, processos internos, financeira e aprendizado/crescimento) (21):

- Os resultados são **sustentáveis**? Podemos interpretar sustentáveis de duas formas:
    - no sentido de serem repetidos nos períodos seguintes e

- se são obtidos, respeitando-se todas as partes interessadas. Neste caso, podemos fazer o seguinte questionamento: as práticas utilizadas para se atingir os resultados são sustentáveis?
- Quão **ambiciosas** foram as metas? Esta é, sem dúvida alguma, uma pergunta difícil de responder. Deve se levar em conta a conjuntura do país e do mundo e os resultados obtidos por outras empresas incluindo, quando possível, os concorrentes;
- Os resultados obtidos contribuem para os **objetivos estratégicos**? É importante que estejam claramente definidos e conhecidos pelo(s) respondente(s) quais são os objetivos estratégicos.

  O *scorecard* mais próximo deve estar perto o suficiente para fornecer inspiração e orientação claras (21).
- **Tendência** obtida, em comparação com o objetivo (tendência favorável).

  Se o resultado de um indicador apresentar a linha de tendência contrária à desejada, é necessária uma inflexão, que pode ser interpretada como a mudança da direção da reta, nos casos de regressão linear. Exemplos de mudanças: de ascendente para descendente, ou vice-versa.

Segundo Covey (29), Deming declarou que dados brutos são sem sentido. As técnicas estatísticas possibilitam, entre outras coisas, a predição de resultados (através do prolongamento da linha de tendência) e a redução da variação (uma vez quantificada e conhecida), esta última sendo considerada o maior dos males na obtenção da qualidade. O único problema é que os conceitos estatísticos não são tão amplamente difundidos na rede de ensino brasileira, o que dificulta o seu uso e compreensão em todos os níveis da empresa.

Uma montadora de veículos no Brasil enviava um relatório mensal aos seus fornecedores, contendo os resultados dos seus desempenhos, através de indicadores da qualidade e de entrega no prazo, por peça, por família de peças e geral, referentes ao(s):

- último mês;
- acumulado do ano;
- últimos 12 meses;
- ano anterior.

Desta forma, o fornecedor e o cliente montadora podiam analisar se o desempenho do fornecedor estava melhorando ao longo do tempo.

Quando eu recebia este relatório para analisar, olhava o resultado do último mês e o comparava ao acumulado do ano, depois comparava este com os últimos 12 meses e, finalmente, com o ano anterior. A lógica é muito simples, o primeiro precisa estar melhor do que o segundo resultado, o segundo melhor que o terceiro e o terceiro melhor que o quarto. Simples e funcional!

Porém, estive nesta mesma montadora para tratar de assuntos de uma empresa que eu assessorava, e pude perceber que a mesma estava no ranking das 20 piores fornecedoras da montadora, no Brasil. Aquilo me incomodou muito. Nessa mesma visita, me dediquei a entender o que estava acontecendo: dos 20 piores fornecedores, 16 (incluindo a empresa que eu assessorava) eram do ramo químico, ou forneciam algo que não permitia a separação de peças não conformes das conformes. Portanto, uma peça ou um grama de produto com problema, resultava em 100% de devolução. Aí, sugeri ao pessoal da área de gestão da qualidade dos fornecedores da montadora, que definisse uma forma diferenciada de cálculo do desempenho para este tipo de fornecedores e que estabelecessem metas diferentes para os dois grupos de fornecedores. Eles aceitaram as sugestões.

Moral da história: precisamos tomar muito cuidado com a forma pela qual medimos e monitoramos nosso desempenho ou de parceiros comerciais, ou pela qual somos avaliados pelos nossos clientes, pois podem haver distorções.

Claro que, no caso relatado, sobrou humildade ao cliente para rever a forma como vinha medindo o desempenho dos fornecedores. Nem sempre é assim.

Qual o período que deve ser analisado?

Uma boa prática é se analisar um período de, no mínimo, 12 meses móveis. Um erro comum é o de se esperar dois ou três meses para se obter a tendência dos pontos, bem como o resultado acumulado para o estabelecimento da meta para o ano. Com isso perde-se um tempo precioso. Não é necessário. Muitos profissionais justificam a não definição das metas e não tomada de ação em função da suposta necessidade de se aguardar o início do ano. Com o uso dos 12 meses móveis, isto pode ser evitado.

Deve-se observar porém se nesses 12 meses não existem padrões diferentes de desempenho, em função de ações que foram tomadas ao longo do tempo. Se isto ocorreu, seria prudente considerar períodos menores para análise, por exemplo, de seis ou de três meses.

Deve-se buscar a melhoria a cada análise. Ganhos incrementais são, historicamente, mais duradouros que grandes saltos. Um exemplo bastante simples de ser compreendido é o regime alimentar. Quem não conhece ao menos uma história, a respeito de uma redução radical de peso, mas sem a manutenção da condição ao longo do tempo? Já reduções gradativas são mais sustentáveis.

Segundo Walton, deve-se levantar toda manhã com a intenção de se melhorar algo (27). É uma abordagem bastante interessante, tanto no campo pessoal quanto no profissional. Seria interessante fazer um balanço do dia, para confirmar se algo realmente foi melhorado.

Na Toyota, acredita-se que sempre há outra maneira de se fazer as coisas (34). Este pode ser um dos segredos do sucesso do sistema Toyota. Claro que as clássicas frases: *isto sempre foi feito assim, já tentamos, e não funcionou desta forma que você está sugerindo,* estão fora de moda.

Quando se tomar ação, em função dos resultados?

Tendência em atingir a meta \ Possibilidade de atingir a meta	Sim	Não
Sim	Não requer ações ou tomar ação para melhoria contínua	Ação de correção e ação corretiva
Não	Ação preventiva	Ação de correção e ação corretiva

Ação:

- de correção: tomada sobre o efeito de uma situação indesejada;
- corretiva: tomada sobre a causa de uma situação indesejada;
- preventiva: ação tomada sobre a causa de um problema potencial, analisando-se a tendência e a possibilidade de atingir a meta;
- para melhoria contínua: ação para melhoria do desempenho.

Como se registrar as análises dos resultados?

- Através do uso de formulários estruturados, com o conceito de *Poka Yoke* (à prova de erros), para se assegurar de lembrar de analisar todos os elementos importantes;
- Pré-análise e análise: não precisam ser realizadas durante uma reunião longa, maçante e improdutiva.

O que divulgar e para quem divulgar os resultados?

Todas as pessoas que possam compreender estas informações e que sejam capazes de contribuir com ideias, sugestões e que possuam influência sobre a condução das atividades e dos processos, devem ter acesso aos resultados (13).

Pode-se disponibilizar grupos de indicadores para os diversos níveis:

- Alta gerência: lucratividade, concorrência, comerciais, investimentos;
- Média gerência: recursos humanos, produtividade, eficiência;
- Colaboradores em geral: resultados das atividades e dos processos dos quais fazem parte.

Como divulgar os resultados?

Através de relatórios de análise dos dados, por meio de quadros de avisos (em gestão à vista) e em reuniões.

Não devemos exagerar na representação gráfica (e muito técnica): nem todos os colaboradores da empresa tiveram uma base muito sólida, na escola, a respeito da interpretação de gráficos (incluindo tendências, inflexões) e de conceitos estatísticos, como média. Podemos abusar das cores (verde, amarela, vermelha) e das *carinhas* (feliz, preocupada, chateada).

Pode se utilizar, também, semáforos, que misturam as cores com as *carinhas*.

Tendência em atingir a meta \ Possibilidade de atingir a meta	Sim	Não
Sim	Carinha feliz e verde	Carinha chateada e vermelha
Não	Carinha preocupada e amarela	Carinha chateada e vermelha

É fundamental treinar os colaboradores na interpretação dessas informações:

- 100% dos colaboradores: preferencialmente em pequenos grupos (por volta de sete pessoas), por alguém que tenha, realmente, didática e que goze de credibilidade junto aos treinandos;
- Na integração dos novos colaboradores: pode ser um processo e não um evento de poucas horas, e pior, de um dia (e ainda, quando ocorre no primeiro dia – que deve ser um dos dias de maior confusão mental de uma pessoa na nova empresa);
- Periodicamente: interessante, desde que se utilizem métodos diferentes a cada sessão. Caso contrário, pode ficar bastante cansativa;
- Não assumir que somente a disponibilização das informações nos quadros de avisos seja suficiente: leitura e interpretação podem não ser o forte das pessoas.

Devemos nos assegurar, através da atuação da liderança e de auditorias internas, de que as pessoas da empresa estão compreendendo as informações recebidas.

Como divulgar resultados sigilosos?

Pode-se informar/divulgar uma variação percentual, ao invés de resultados absolutos. Exemplo: pode-se assumir um resultado de determinado mês como base 100% e o resultado obtido nos outros meses ser convertido em variação percentual em relação à base assumida.

Deve-se recompensar as pessoas pelo alcance das metas?

Seria mais prudente finalizar este livro sem abordar esta polêmica questão. Gosto da abordagem apresentada em um artigo de Harvard, que diz que as empresas confundem as pessoas quando as recompensam por algo que já seria, originalmente, obrigação das mesmas.

Metas e incentivos podem servir para as pessoas fazerem as coisas que não fariam de outro modo (13). Mas não levam as pessoas a fazerem as coisas por julgarem serem as coisas certas a serem feitas. Com isso, não se alteram os valores pessoais e o os comportamentos ao longo do tempo.

Acredito francamente na capacidade de as pessoas alcançarem um desempenho elevado quando confiamos nas mesmas, quando lhes é dada autonomia para que façam as escolhas e para que possam agir. A alocação de recursos, no tempo certo, também é um fator importante. É muito frustrante para as equipes quando os recursos necessários e solicitados não chegam, ou quando são disponibilizados tarde demais.

As pessoas precisam ter a certeza de que o trabalho que estão executando é relevante para a empresa, para a sociedade, para suas carreiras. Podemos ilustrar esta questão através da história dos dois pedreiros que estavam trabalhando numa mesma obra. Quando questionados, um respondeu que estava levantando uma parede. O outro respondeu que estava construindo uma catedral.

O estilo de gestão conhecido como *comando e controle* pode até apresentar resultados iniciais, até certo momento, mas não normalmente de maneira sustentável, por mais tempo. Ocorre então uma saturação, um cansaço por parte das pessoas. O estilo de gestão tem a ver com a cultura da empresa, também com o grau de maturidade da mesma, das pessoas e dos gestores (principalmente dos acionistas, proprietários).

A confiança, tão necessária entre as pessoas, deve ser conquistada entre os membros da equipe e os gestores. Não se concede confiança: se conquista. A partir deste momento, os membros das equipes devem assumir os riscos e as responsabilidades. A empresa deve possuir valores e políticas, conhecidos por todos. As pessoas devem agir de acordo com estes valores e políticas. Quando isto não for feito, as mesmas devem ser responsabilizadas. Até os piratas possuíam códigos de conduta que precisavam ser respeitados. Caso contrário... caminhar pela prancha!

Deve-se buscar o alcance das metas a qualquer custo/preço?

Gosto da abordagem feita por Jeremy Hope (2), sobre uma empresa de petróleo norueguesa, onde ele destaca que, para a mesma, tão importante quanto o alcance de uma meta é como a meta foi alcançada. Ou seja, o fim não justifica os meios. Isto é levado em consideração, inclusive, na avaliação de desempenho dos executivos da referida empresa.

Qual a importância do acompanhamento dos planos traçados?

É de extrema importância. Basta lembrar que, para sermos considerados eficazes, temos que seguir os planos elaborados inicialmente. Portanto, acompanhar os planos:

- É uma etapa muito importante para o alcance das metas;
- Deve-se ter um responsável definido para executar este acompanhamento; aquela antiga expressão continua mais atual do que nunca – *cachorro com dois donos, ou almoça duas vezes ou morre de fome...*
- De acordo com uma frequência de acompanhamento e atualização definida (pode ser diária, semanal, mensal) ou por eventos (em função da aquisição e implantação de recursos, finalização de ações, como treinamentos etc.).

Quando não se atingir uma meta, não se deve dar desculpas. Deve-se fazer uma nova análise, com mais informações e conhecimento e elaborar um plano complementar/acertar o plano original (1).

Quais as características típicas dos relatórios gerados nas empresas?

- A maioria dos relatórios são longos nos detalhes e curtos nas análises: possuímos, normalmente, várias etapas nas nossas carreiras – podemos iniciar como técnicos, passando a gestores, depois consultores e professores. Inicialmente, focamos em dados, tabelas, informações. Na fase seguinte, somos os responsáveis pela análise de tal tipo de relatório e pela tomada de ações. Mais adiante, orientamos como fazer. Uma coisa é certa: é mais cômodo registrar dados e informações do que tecer conclusões e tomar decisões;

- Deve-se lembrar que maior detalhamento não significa maior precisão: muitas vezes, temos a falsa impressão de que o maior detalhamento é imprescindível. Ele pode, na verdade, nos desviar daquilo que é importante para a tomada de ação;
- Muitas empresas só divulgam os resultados do mês por volta do décimo dia do mês seguinte ...isto tem a ver com os recursos disponíveis para a coleta dos dados e para o cálculo de indicadores (por exemplo, sistemas informatizados, planilhas eletrônicas) e com a importância que a alta direção dá a este assunto. Caso hajam outras prioridades claramente sinalizadas, a análise do resultado da empresa, de maneira formal, sistemática, acaba sendo postergada. Essas empresas se parecem com uma aeronave fazendo um voo cego, noturno, sem instrumentos...

Deve-se utilizar as informações para melhorar a tomada de decisões:

- Deve-se gerenciar o futuro ao invés do passado...é menos arriscado analisar o que já passou. Porém, não podemos cair na tentação de tentar justificar os resultados ruins que tivemos. Devemos aprender com o passado e definir ações para a melhoria dos próximos resultados;
- As previsões devem ser vistas como uma ferramenta para melhor tomada de decisões e não para um maior controle: fazer projeções, com a imprevisibilidade dos mercados, requer muita maturidade por parte dos envolvidos. Se as previsões não se confirmarem, não devemos ficar procurando os culpados para penalizá-los;
- Os relatórios de final de mês estão sendo substituídos por relatórios *online* (12). Com isso, a reação pode ser prontamente iniciada, não requerendo uma data formal para o fechamento do mês e para a elaboração de relatórios e as tomadas de ações.

2
Formatos de Relatórios

Tipicamente, 50% dos relatórios numa empresa podem ser eliminados. De 20% a 50% dos remanescentes podem ser consolidados. Muitos desses relatórios consolidados podem ser automatizados, e um esforço menor pode ser dedicado à elaboração dos que restarem (13). Algumas empresas estão incentivando suas equipes a elaborar relatórios que caibam em uma página (2)(12). Os relatórios deveriam nos dizer sobre:

- **Contexto** – como o sucesso é definido: resultados comparados com metas fixas ou objetivos relativos, baseados por exemplo em pares, melhores práticas ou períodos anteriores;
- **Nível** – o que está acontecendo hoje e se há motivo para análise crítica;
- **Tendência** – qual é a tendência e quais serão os resultados em seis a doze próximos meses;
- **Análise** – por que a tendência está se movendo para cima ou para baixo;
- **Ação** – qual ação, se necessária, deveria ser tomada.

Segundo Hope (12):

- A análise da variação em relação à tendência e ao desempenho comparado a um *benchmark* são elementos importantes do relatório;
- Um plano de ação, se necessário, também é fundamental para se atribuir responsabilidades para melhoria do desempenho;
- Relatórios devem focar mais no presente e no futuro e menos no passado;
- Relatórios eficazes permitem aos gestores a tomada de melhores decisões.

Indicadores e a sustentabilidade: *Global Reporting Initiative* (GRI)

A *Global Reporting Initiative* (GRI) é uma organização líder no campo da sustentabilidade. A GRI promove o uso do relato da sustentabilidade como uma forma das organizações se tornarem mais sustentáveis e contribuírem para o desempenho sustentável (14). A GRI estabelece o conteúdo mínimo dos relatórios para empresas de todos os portes, segmentos, localizações. A vantagem de se ter um conteúdo padronizado é a facilidade de comparação entre as empresas participantes e a empresa em questão, ao longo do tempo.

3
Indicadores e as Normas de Gestão e Metodologias

ISO 9001: a partir da versão 2000 da ISO 9001, as empresas foram obrigadas a identificar seus processos internos e definir formas de monitorá-los. Isto também passou a ser requisito obrigatório para as empresas que optaram por se adequar às especificações técnicas (ISO/TS 16949 – aplicável ao segmento automobilístico e ISO/TS 29001 – aplicável ao segmento do petróleo, gás natural e petroquímico). A forma mais usual de se monitorar os processos é através da implantação de indicadores de desempenho.

Aconselhei meus clientes a fazer isso e a correlacionar os indicadores às partes interessadas. Ou seja, o indicador teria dupla função: monitorar o processo e demonstrar o grau de atendimento aos interesses de uma parte interessada (*stakeholder*).

As empresas foram obrigadas também a tomar ações sobre o efeito e sobre as causas, para se evitar a ocorrência e a recorrência dos problemas, em função dos resultados obtidos.

Nem todas as empresas se adaptaram rapidamente a estes requisitos. Outras, talvez, não tenham se adaptado até hoje. Tomar ação dá trabalho. Faz as pessoas e as empresas saírem da zona de conforto.

A ISO/TS 16949 estabelece indicadores obrigatórios para o atendimento do cliente no prazo e para medir o desempenho das atividades de manutenção, como mantenabilidade, confiabilidade, entre outros.

Auditorias internas do sistema de gestão: durante as auditorias do sistema de gestão deve-se verificar o entendimento do pessoal, em todos os níveis hierárquicos, em relação ao desempenho dos processos e da empresa, através dos indicadores de desempenho.

Não há necessidade de se decorar as informações. Quando a empresa opta por divulgar os resultados em *gestão à vista*, é permitido que o auditado apresente ao auditor os gráficos de desempenho afixados nos quadros de avisos. O auditado pode mostrar a tendência dos resultados, a média dos 12 ou 13 meses, o resultado do último mês. Ele pode se apoiar nas ilustrações utilizadas (semáforos ou *carinhas*). O auditado deve escolher os indicadores que façam mais sentido para sua área de atuação e função, para abordar com o auditor.

Deve-se lembrar que a auditoria é feita por amostragem. Quando alguns colaboradores não vão bem nessa entrevista, deve-se considerar a possibilidade de haver outros com dificuldade em entender e explicar o assunto. Portanto, deve-se considerar uma abrangência grande na tomada de ação. Não é raro se optar por retreinar todos os colaboradores da empresa. Deve-se considerar a possibilidade de retreino periódico na interpretação dos indicadores.

***Review* e ações resultantes:** uma das principais contribuições da versão 2000 da ISO 9001 foi a introdução de requisitos sobre a tomada de ações resultantes, após uma análise crítica (*review*). Existem análises críticas em diversas partes da norma, incluindo *management review*. Antes desta versão da norma ISO 9001, eram comuns situações nas quais eram necessárias ações, mas as mesmas não eram indicadas e nem tomadas. Não é raro termos essa condição no dia a dia das empresas. Ou seja, os resultados não são satisfatórios e, portanto, as ações são necessárias mas não se faz nada de concreto para se mudar a situação, como se as coisas fossem se resolver sozinhas.

O consultor Falconi (1) diz que uma meta não atingida é um problema. Os problemas precisam ser resolvidos, sem demora e em definitivo.

4
Técnicas e Conceitos Consagrados Relacionados à Gestão do Desempenho

As técnicas e conceitos apresentados a seguir estão relacionados aos indicadores e ao desempenho das empresas, de alguma forma: ou utilizam intimamente indicadores ou podem ser utilizados para melhoria do desempenho da empresa.

4.1) Ambição pela ação (*Ambition to action*): é o *Balanced Scorecard* de uma empresa de petróleo norueguesa, com algumas diferenças em relação ao BSC original. Tem a ver com metas, planos, avaliações, recompensas (21). Busca o equilíbrio entre o alinhamento central, da matriz da empresa, e a responsabilidade local, de cada unidade. É mais sobre executar a estratégia do que fazê-la. *Constrói pontes* entre estratégias, processos e recursos humanos. Deve-se formular objetivos estratégicos relevantes e ações concretas para as cinco perspectivas:

- Saúde, segurança e meio ambiente;
- Organização e pessoas;
- Mercado;

- Operações e
- Finanças.

Nessa empresa norueguesa, o modo como se alcança uma meta é tão importante quanto o próprio alcance da mesma. Os gerentes, que eram avaliados pelo alcance das metas financeiras, passaram a ser avaliados 50% pelo alcance de um conjunto de KPIs e 50% em como eles atendem os valores da empresa, através de avaliação dos seus pares (2). Lá, o fim não justifica os meios.

Tão importante (ou mais) do que bater metas e alcançar resultados, é a avaliação de como se alcançaram os resultados:
- Fortaleceu a equipe e a empresa?
- Desenvolveu a equipe?
- Não se devem valorizar ações de curto prazo, que possam enfraquecer a empresa ao longo do prazo (17).

O *ambição pela ação* é um processo que é integrado (da estratégia às pessoas), mas que fornece suficiente liberdade e flexibilidade e que ativa os valores e os princípios de liderança da empresa. Como saídas deste processo, espera-se um desempenho forte e resultados sustentáveis (21).

Processo *Ambição pela Ação*

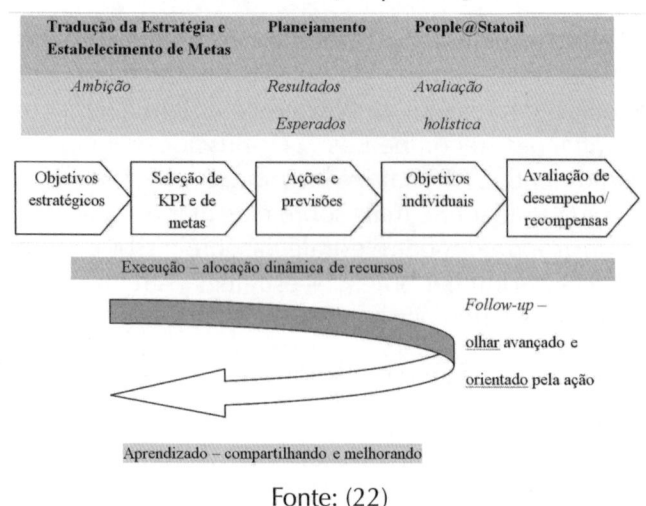

Tradução da Estratégia e Estabelecimento de Metas	Planejamento	People@Statoil
Ambição	Resultados Esperados	Avaliação holística
Objetivos estratégicos → Seleção de KPI e de metas →	Ações e previsões →	Objetivos individuais → Avaliação de desempenho/recompensas

Execução – alocação dinâmica de recursos

Follow-up –
olhar avançado e
orientado pela ação

Aprendizado – compartilhando e melhorando

Fonte: (22)

4.2) Análise de valor: quando prestei consultoria à uma empresa química, fornecedora das montadoras de veículos, conheci um analista da qualidade dos fornecedores de uma dessas montadoras, que nos apresentou a técnica. Acredito que tenha sido ele também que nos recomendou o livro *O estrategista em ação*, de Kenichi Ohmae, utilizado para a redação deste livro e mencionado na bibliografia.

Através desta técnica, podemos identificar quais as partes de um produto ou de um processo possuem um custo superior à sua utilidade (ou função).

O exemplo mais didático que conheci foi o das partes de uma caneta esferográfica. O que é mais importante, em termos de função? A tampa, o corpo, a carga ou a tampinha traseira? E o que custa mais, relativamente, entre essas partes?

Importância Relativa (classificação do autor)

Partes da caneta	Tampa traseira	Corpo	Carga	Tampa
Tampa traseira	Não aplicável	Corpo	Carga	Tampa
Corpo	Corpo	Não aplicável	Carga	Corpo
Carga	Carga	Carga	Não aplicável	Carga
Tampa	Tampa	Corpo	Carga	Não aplicável

Cada ocorrência vale um ponto.
Portanto:

Importância relativa:

Componente	Pontos	%
Tampa traseira	0	0
Corpo	4	33 %
Carga	6	50 %
Tampa	2	17 %

Custo relativo, em R$ (dados empíricos)

Componente	Custo R$ (*)	% sobre o total
Tampa traseira	0,01	5 %
Corpo	0,07	35%
Carga	0,10	50%
Tampa	0,02	10%

Unindo as 2 tabelas:

Componente	Importância	Custo
Tampa traseira	0	5 %
Corpo	33 %	35%
Carga	50 %	50%
Tampa	17 %	10%

Onde o custo for maior que a importância → potencial de melhoria.

Portanto, a tampa traseira e o corpo, no nosso exemplo, têm um custo superior à importância relativa dos dois componentes.

Esta técnica pode ser muito importante na análise das diversas etapas de um processo.

4.3) Avaliação de desempenho: o que sabemos, realmente, sobre nossos colaboradores (21)? Quando precisamos identificar qual membro da equipe possui uma determinada habilidade, competência, conhecimento, sabemos realmente onde encontrar esta informação, de maneira rápida e confiável?

Quando a empresa tem que demitir um colaborador, ela deveria dar uma olhada nos resultados das últimas avaliações de desempenho. Quais foram os pontos fortes identificados? E quais foram os pontos que deveriam ser melhorados? Infelizmente, não é raro encontrar resultados positivos bastante expressivos nessas avaliações recentes. Então, o que aconteceu? Ou a avaliação foi feita de modo paternalista (o que é comum no Brasil) ou ocorreu uma deterioração no desempenho/comportamento do colaborador de maneira acelerada? Se sim, por quê?

Nas avaliações de desempenho, o líder deve dar um *feedback* sincero, deve destacar os pontos fortes e aqueles que devem ser melhorados. O líder deve, também, registrar como o colaborador pretende melhorar esses pontos, através de um compromisso firmado entre o avaliador, o avaliado e o representante da área de Recursos Humanos, quando aplicável.

Quando se percebe que as últimas avaliações foram equivocadas, deve-se aprender com os próprios erros. Para isso, deve-se ter humildade. Além das avaliações de desempenho, o líder deve observar o comportamento das pessoas e aconselhá-las, como um *coach* (17).

Não se deve ter medo de errar (27). Muitas vezes, este medo limita a tentativa genuína em acertar em novas oportunidades, fazendo mais do mesmo que se tentou, ou novas práticas.

Já Drucker acredita que o fato de se abordar os pontos fracos a serem melhorados, torna uma avaliação de desempenho periódica penosa, desagradável. Ele comenta que somente médicos e pacientes teriam uma relação na qual seria possível se abordar problemas desse tipo. Porém a relação entre um líder e um liderado não se compara à relação de um médico e de um paciente. Ele destaca que devem ser abordados os pontos fortes do liderado, que se traduzem em oportunidades. O papel do líder não seria o de mudar a pessoa, mas de possibilitar o uso das forças de cada membro da sua equipe no alcance dos resultados (23).

Vale lembrar que o autor dessa teoria é nada mais nada menos que o maior pensador em administração do século XX. Podemos até não concordar com ele, plenamente, mas não refletir sobre suas ideias é no mínimo imprudente.

Hoje, sabemos que boa parte do aprendizado se dá fora das salas de aula e que os adultos aprendem fazendo. Nas salas de aula, os alunos podem ter contato com as ferramentas disponíveis. Os líderes e os supervisores devem agir como professores. Outra análise que deve ser feita é sobre o recrutamento e seleção do colaborador: como ele foi avaliado, na seleção? Como foi entrevistado? Qual o histórico do profissional até aquele momento? Ele foi indicado por alguém conhecido? Pesou muito esta indicação na decisão pela contratação?

4.4) *Balanced Scorecard* (BSC) (12): criada por Robert Kaplan e David Norton, no início dos anos 90, pode ser considerada como uma das metodologias mais utilizadas em gestão de todos os tempos. Não deve ser considerada como um programa de métricas, mas sim de mudança organizacional. Utiliza objetivos estratégicos, mapas estratégicos, métricas e planos de ações. Segundo Norton, deve-se partir da estratégia para as métricas, e não o contrário. Com isto, busca-se ligar a estratégia da empresa às atividades das equipes.

São consideradas quatro perspectivas do negócio: financeira, cliente, processos e aprendizagem/crescimento. Ela conta a estratégia da empresa, através de uma relação de causa e efeito. Numa empresa de petróleo norueguesa, incluiu-se mais uma perspectiva: *saúde e segurança*, que é muito importante na indústria do petróleo.

Nessa empresa, o BSC modificado recebe o nome de *Ambition to Action*. Havia mais de 800 *Ambition to Action* naquela empresa, segundo Hope (12), onde é deixada a cargo das equipes a definição das métricas e dos planos, com nítida autonomia maior às equipes do que seria alcançada num ambiente de comando e controle, quando a grande maioria das empresas utiliza o BSC (12).

Técnicas e Conceitos Consagrados Relacionados à Gestão... ■ 41

Empresas que já são bem gerenciadas podem tirar menor proveito do uso do BSC. Aquelas que têm certas falhas na estrutura organizacional podem ter as suas necessidades supridas pelo BSC. Já as empresas que possuem um sistema de gestão complexo podem ter a complexidade reforçada, aumentada, com o uso do BSC.

O uso do BSC facilita a identificação dos KPI, que são, tipicamente, entre três a cinco KPI para cada perspectiva do negócio, para cada time.

4.5) Benchmarking: primeiro precisamos decidir o que queremos melhorar, para depois praticar a técnica. Não há necessidade de ser praticada com empresas do mesmo ramo/da mesma indústria à qual pertence a nossa empresa.

O mais importante não é se pesquisar *o que*, mas *o como*. Precisamos implantar as ideias por trás dos processos/atividades que estamos analisando. Não podemos copiar, mas sim adaptar a ideia relacionada à melhor prática (12).

Através do *benchmarking*, ocorrem o compartilhamento de informações e de práticas, e o aprendizado. Desempenho tem a ver com superar os seus pares, ser melhor do que aqueles com quem você pode ser comparado, dentro e fora da empresa. Isto motiva os gestores a obterem melhores resultados (21).

A empresa norueguesa citada utiliza dois indicadores financeiros, cujos resultados são comparados aos de outras empresas de petróleo (mais de uma dezena de empresas) (2).Uma das grandes dificuldades em se praticar essa técnica é a obtenção de informações confiáveis do desempenho das outras empresas, para fins de comparações. Até empresas que pertencem a um mesmo grupo econômico podem encontrar dificuldade, caso os gestores de cada unidade não sejam, realmente, transparentes. Para se obter algo, normalmente, tem que se dar algo em troca. O problema é que as informações interessantes geralmente são sensíveis, confidenciais (12).

Segundo Walton, todos os gerentes eram incentivados a visitar as lojas da concorrência para ver o que estavam fazendo certo: se ao menos uma ideia fosse aproveitada, já valeria a pena (27).

No processo de comparação com outras empresas surgem, tipicamente, algumas reações. A negação é uma das fases iniciais, que ocorre quando se compara os resultados de uma unidade com outras: *nós somos diferentes, não pode ser verdade, os dados são imprecisos* (21).

É ariscado tentar praticar o *benchmarking* numa cultura de comando e controle e, com isso, estabelecer objetivos/metas impossíveis de serem alcançadas, e ainda culpar os gestores pelo desempenho aquém do esperado (12).

Para se praticar a técnica, temos que ser humildes para entender que existem empresas melhores que a nossa em algo; temos que ser sábios para saber que podemos alcançá-las e até ultrapassá-las (12). Normalmente, questões comportamentais estão por trás do sucesso de uma organização e estas são difíceis de copiar.

Exemplos não faltam. Existem empresas especializadas em viagens ao Japão, em missões especiais, para se conhecer empresas e práticas de gestão. Ao retornar, os empresários e executivos percebem a dificuldade em implantar técnicas em um ambiente totalmente diferente nas questões culturais, religiosas, entre outras.

Tem que se levar em conta também que, ao se implantar algo novo, há um impacto em todo o sistema existente, podendo causar gargalos nas atividades e nos processos (12). Costumo dizer que quase todo remédio é amargo...

Há alguns anos, um cliente meu aderiu a uma iniciativa do sindicato (patronal) da sua categoria. Cada empresa participante deveria introduzir resultados da empresa, na forma de indicadores de desempenho, num sistema informatizado da entidade. Para isto, era necessário investir em um banco de dados específico. Uma média seria calculada para cada indicador, bem como a sinalização da posição de cada empresa, através de um código que somente a empresa saberia identificar. Alguns meses depois do início, a empresa deixou de participar, pois percebeu que poucas empresas lançavam dados que merecessem credibilidade. Ou seja, a comparação não servia para nada. Acredito que a sistemática poderia ser aperfeiçoada, inclusive em função de críticas pelos participantes. Escutamos com frequência que a desistência ocorre, normalmente, quando estamos muito próximos de êxito. Pode ser que tenha acontecido isso, neste caso.

4.6) *Brainstorming*: esta é mais uma daquelas ferramentas que todos dizem que conhecem. Mas será que todos já tiveram a oportunidade de utilizá-la? Tive somente uma experiência marcante relacionada ao *Brainstorming* em toda a minha vida profissional. Foi durante um projeto de consultoria, o único no qual não fui o líder do projeto.

Num determinado momento dos trabalhos, o líder do projeto convidou algumas pessoas a participarem de um *Brainstorming*. O tema era: possíveis melhorias num dos processos da empresa. A técnica foi muito bem conduzida e os resultados foram muito bons.

O importante é não se censurar ideia alguma, por mais absurda que possa parecer inicialmente. Não se deve interromper cada rodada de ideias para se analisar as mesmas. Alguém com autoridade e credibilidade deve conduzir os trabalhos. Todas as ideias devem ser registradas, depois agrupadas e, finalmente aproveitadas, se possível.

Somente com mais de 45 anos de idade e quase 30 anos de trabalho, é que participei de um genuíno *Brainstorming*.

Dizem que se perde o amigo, mas não se perde a piada. Em alguns estados da federação, a técnica foi rebatizada e utilizada, com sucesso, com o nome de *toró de palpites*... dá para adivinhar de qual estado estamos falando? Risos.

4.7) CEP: Controle Estatístico do Processo.

Esta técnica é fantástica, mas tem que ser utilizada da maneira correta. Caso contrário, as decisões tomadas podem ser todas equivocadas.

Ao longo da minha carreira de consultor em sistemas de gestão da qualidade, com ênfase nas especificações QS 9000 e ISO/TS 16949, ambas do segmento automobilístico, pude observar que poucos profissionais realmente dominavam a técnica. E por que isto ocorre? Acredito que em função dos conceitos estatísticos não serem tão elementares e, portanto, requererem dedicação para serem compreendidos e corretamente utilizados.

Etapas:

- Definir a característica do produto ou do processo a ser controlada;
- Definir o sistema de medição adequado – lembrando que o conceito de sistema de medição vai muito além do instrumento de medição;
- Definir os estudos para analisar a adequação do sistema de medição ao controle da característica do produto ou processo;
- Realizar os estudos para apontar a adequação (ou não) do sistema de medição:
  - se inadequado, optar por outro sistema de medição;
- Coletar dados;
- Verificar se a distribuição dos valores é normal;
- Definir o tipo de carta de controle:
  - atributivas: n, p, c, u;
  - variáveis: XbarR, XindR, XindRmóvel, medianaR;
- Coletar dados e anotar ocorrências no diário de bordo;
- Calcular os limites (naturais) de controle e a média do processo;
- Verificar a estabilidade do processo:
  - se não estável (quando houver sete pontos consecutivos acima ou abaixo da média ou sete pontos consecutivos ascendentes ou descendentes): identificar e eliminar a causa especial (através da consulta ao diário de bordo);
  - coletar novos dados;
  - repetir a verificação da estabilidade do processo, conforme descrito acima. Se estável, continuar; caso contrário, eliminar as causas especiais e repetir a coleta de dados;
  - calcular a capabilidade do processo:
    - índice CP, que compara a tolerância da característica do produto/processo com a variação do processo, através de desvios padrões;

Técnicas e Conceitos Consagrados Relacionados à Gestão... ■ 45

- índice CPK, que compara a tolerância com a variação do processo e ainda a média do processo com a média da especificação (centralização dos resultados);
- se o processo não for capaz:
  - quando o CP for menor que 1: indica que a variação do processo consome mais que a tolerância da característica que está sendo controlada;
  - quando o CPK for menor que 1,67: indica que há uma descentralização do processo ou que a variação do processo excede a tolerância da característica que está sendo controlada;
  - são requeridas ações mais abrangentes, gerenciais, sistêmicas, para se eliminar a(s) causa(s) desta variabilidade;
  - repetir a coleta de dados e a análise da capabilidade.

Condições que, habitualmente, não eram observadas:

- A distribuição tinha que ser normal. Caso não fosse, todo o restante ficaria invalidado;
- A estabilidade deveria ser obtida antes de se analisar a capabilidade. Quando o processo era instável, ações localizadas no processo deveriam ser tomadas. Para haver uma correlação entre os pontos que caracterizavam a instabilidade e o que havia ocorrido, era primordial a consulta a um diário de bordo, onde o operador deveria anotar todas as ocorrências relevantes, como mudança do lote de matéria prima, mudança de regulagem/ajuste dos parâmetros do processo, mudança de turno, mudança de operador, entre outros fatores. Para a surpresa dos membros da equipe, era muito frequente que o diário de bordo estivesse incompleto, mal preenchido, ou vazio;
- coleta de dados sem a realização do estudo do sistema de medição. Ou seja, não se tinha certeza de que o sistema de medição (que incluía o instrumento de medição) era adequado. Muitas vezes, descobria-se que mais de 50% da to-

lerância da característica que estava sendo controlada era consumida pela variabilidade do sistema de medição, restando muito pouco para a variação natural do processo de produção.

4.8) Correlação: qual a dependência de uma variável numa outra variável?

Cuidado com as evidências muito *claras*, com as quais nos deparamos no dia a dia.

Diz a lenda que um caso intrigou as autoridades: num domingo ensolarado, na praia, ocorreram vários afogamentos. Alguns especialistas foram designados para investigar as causas dos afogamentos. Eles ficaram surpresos, ao encontrar muitos palitos de picolé na areia. Seguiram então uma linha de investigação: o que teriam a ver os picolés com os afogamentos ? Os picolés teriam causado os afogamentos? Claro que não! A reposta a este enigma é a seguinte: num dia ensolarado muita gente vai à praia, abusa do álcool e da profundidade dos mergulhos e muita gente chupa picolés.

Quando se busca entender as causas de problemas, pode-se utilizar uma função matemática conhecida como correlação. Mas é importante não se chegar à uma conclusão absurda, como àquela que quase se chegou na história dos picolés...

4.9) Custos da Qualidade: tive o prazer de ministrar aulas numa renomada faculdade de engenharia localizada na Grande São Paulo. As disciplinas eram CEP – Controle Estatístico do Processo e CDQ – Custos da Qualidade, e faziam parte do curso de pós-graduação em qualidade e produtividade.

Um dos maiores especialistas de todos os tempos no assunto custos da qualidade foi Joseph Juran.

A grande sacada desta ferramenta é transformar todos os indicadores da qualidade (avaliação e prevenção) e da não qualidade (falhas internas e externas) em $. Depois, faz-se uma análise de onde está se gastando muito e onde está se gastando pouco. Deve-se gastar mais em prevenção, visando a menor incidência de falhas internas e externas? Ou deve-se gastar mais na avaliação, para se reduzir os gastos, também em falhas? Outra questão interessante é se descobrir em qual nível da qualidade a empresa se encontra: melhoria, operação ou perfeccionismo, levando-se em conta o segmento no qual a empresa atua e também como ela gasta o seu dinheiro nas quatro categorias.

4.10) Diagrama causa x efeito: ou Diagrama de Ishikawa (em homenagem ao seu criador) ou diagrama *espinha de peixe*.

O que se pode fazer com uma espinha de peixe?

Apesar da técnica espinha de peixe ter sido criada há tempos, pouca gente que conheço sabe utilizá-la bem.

Seu idealizador foi Kaoru Ishikawa, cujo método de identificar as causas dos defeitos na produção é utilizado para investigar os diversos *M* como causas potenciais de um problema:

(M)aterial = o insumo produtivo;

(M)áquina = o equipamento produtivo;

(M)étodo = o processo produtivo;

(M)ão de obra= o operador da máquina;

(M)edição = o método de controle;

(M)eio ambiente = a influência do meio ambiente (laboral) na produção;

(M)anagement = gerenciamento;

(M)oney = recursos financeiros.

O que se busca com o uso da técnica são as relações de causa x efeito.

Somente um número ainda menor de pessoas sabe que esta ferramenta pode ser utilizada para o planejamento de um processo ou para a análise de um efeito positivo, incluindo o alcance de uma meta.

As empresas e as pessoas se deparam no dia a dia com situações indesejadas e/ou inesperadas. Esses eventos são chamados, frequentemente, de problemas. A reação a essas ocorrências varia, e muito, entre diferentes pessoas e empresas.

Pode-se culpar o destino, a concorrência, o governo, as forças da natureza, uma possível sabotagem etc., ou tomar as rédeas da situação e partir para a investigação das possíveis causas que motivaram a situação indesejada.

Causas raízes: note que a palavra causa foi escrita no plural, pois em praticamente 100% dos casos de eventos indesejados e/ou inesperados atuam mais que um fator. Esta é uma das explicações possíveis da reincidência de um problema, quando se considera somente uma causa.

Outra questão relevante é a raiz. É fácil entender o porquê deste nome: não se deve ficar somente na análise superficial – deve-se *ir a fundo*.

Cinco por quês?: para se investigar as causas raízes pode-se utilizar outra ferramenta conjugada ao diagrama espinha de peixe: os *cinco por quês?*.

Segundo a teoria, ao se responder ao quarto ou quinto *por quê?*, chega-se à raiz (de cada uma das causas).

Abordagem multidisciplinar e *Gemba* – o discurso parece antigo, mas não é:

1. Deve-se utilizar uma equipe multidisciplinar para a solução dos problemas;
2. Deve-se ir ao *Gemba* (palavra japonesa que significa *lugar onde as coisas acontecem*).

Se parece antiga, por que tanta gente insiste em tentar usar sozinha a mesma e longe de onde *as coisas acontecem*? (exemplo, no escritório, ou na sala de reuniões, ao invés da Produção).

Há anos, uma montadora de veículos apresentou aos seus quase 500 fornecedores da época, uma técnica chamada CEDAC (em português, diagrama causa efeito com adição de cartões).

A técnica é simples: um quadro grande, com um diagrama espinha de peixe desenhado e com o efeito (problema) descrito. Cartões autocolantes são disponibilizados para que qualquer colaborador possa participar, escrevendo uma ou mais causas possíveis e afixando o cartão no *M* correspondente. A vantagem é que uma ideia de um colega pode inspirar a dos outros. Nenhuma ideia deve ser descartada. Um coordenador do CEDAC, então, deve transcrever as informações para um formulário estruturado. Sou fã deste tipo de técnica. No capítulo que trata dos *cases* neste livro, descrevemos um caso de sucesso no uso dessa técnica.

Exemplo prático 1: imagine que você tenha feito uma compra pela Web e que, ao receber o produto em casa, descobre que lhe foi entregue um produto errado. Ao reclamar/notificar a empresa, a mesma, internamente, inicia uma investigação do que ocorreu, utilizando as técnicas citadas anteriormente.

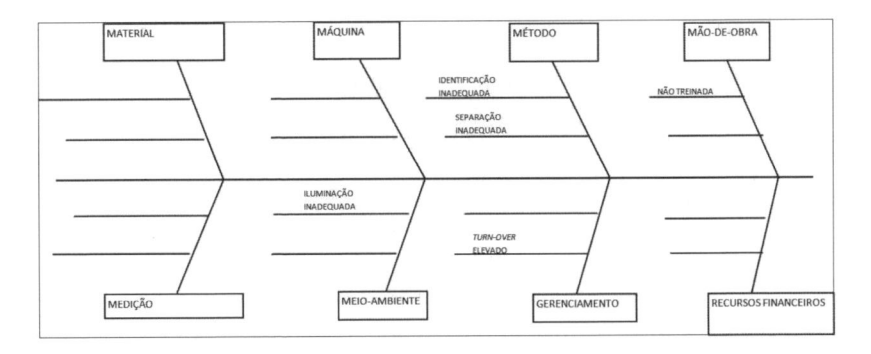

[Diagrama de Ishikawa com categorias: MATERIAL, MÁQUINA (IDENTIFICAÇÃO INADEQUADA, SEPARAÇÃO INADEQUADA), MÉTODO, MÃO-DE-OBRA (NÃO TREINADA), MEDIÇÃO, MEIO-AMBIENTE (ILUMINAÇÃO INADEQUADA), GERENCIAMENTO (TURN-OVER ELEVADO), RECURSOS FINANCEIROS]

Método

	Identificação inadequada	Separação inadequada
Por quê?	Identificação ilegível	Cestos permitem que transbordem pequenos produtos para outros cestos
Por quê?	Registro manuscrito nas etiquetas	Não é respeitado um limite máximo para os cestos
Por quê?	Etiquetas preenchidas sem conexão com o sistema ERP	Não foi definido limite máximo
Por quê?	Falta adequação do sistema ERP para emissão das etiquetas **(causa raiz 1)**	Falta recurso para sinalizar o limite de carga (nível) por cesto **(causa raiz 2)**

Mão de obra

	Não treinada
Por quê?	Novo colaborador inicia as atividades sem treinamento de integração
Por quê?	Necessidade de início imediato (urgência da área requisitante)
Por quê?	Falta de planejamento da contratação
Por quê?	Os colaboradores podem iniciar na empresa em qualquer dia da semana (integrações somente às segundas-feiras) (**causa raiz 3**)

Meio ambiente

	Iluminação inadequada
Por quê?	Lâmpadas queimadas
Por quê?	Falta de lâmpadas sobressalentes
Por quê?	Controle de estoque inadequado
Por quê?	Falta definição de estoque mínimo de lâmpadas (**causa raiz 4**)

Gerenciamento (*Management*)

	Turn over elevado
Por quê?	Novos colaboradores ficam desestimulados rapidamente
Por quê?	Pessoas contratadas com o perfil inadequado às funções e à cultura da empresa
Por quê?	Perfil inexistente ou desatualizado
Por quê?	Falta de participação dos responsáveis das áreas requisitantes na elaboração e/ou atualização dos perfis e nos processos de recrutamento e seleção (**causa raiz 5**)

Plano de ação: a partir da identificação das causas raízes, deve-se elaborar um plano de ação com a definição de responsáveis, prazos e ações, para eliminar estas causas.

Técnicas e Conceitos Consagrados Relacionados à Gestão... ■ **51**

Resultados desejados/planejados: o que pode causar surpresa para muitos dos nossos leitores é a possibilidade da utilização do diagrama espinha de peixe no planejamento da obtenção de um bom resultado – por exemplo, o alcance de uma meta.

Exemplo prático 2: pretende-se aumentar a disponibilidade de uma máquina ou de um equipamento de 65% para 70%. Vamos assumir que a disponibilidade é: (tempo em uso/tempo total) *100.

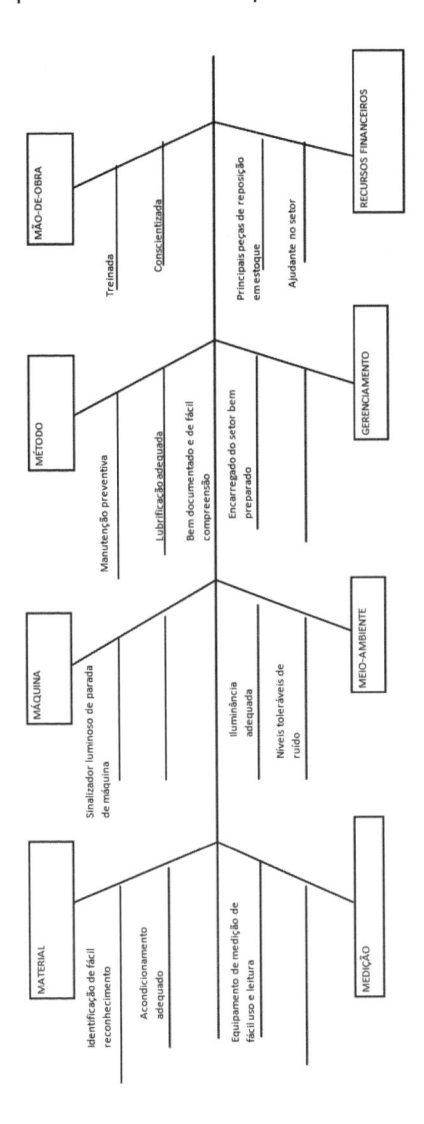

Conclusão: quem não conhecia essas técnicas/ferramentas, agora conhece. Quem não lembrava, agora foi reapresentado às mesmas. Quem achava que era difícil ou complicada a aplicação, deve ter mudado de ideia.

Então, o recado é claro: mãos à obra, quando ocorrer um problema que precisa ser resolvido ou quando se quiser atingir um resultado positivo.

Espero que os leitores utilizem essas poderosas ferramentas.

4.11) *Empowerment*: *Empowerment* eficaz = liberdade x capacidade (20).

Como sabemos, de acordo com a matemática, se uma das variáveis for zero, o resultado da multiplicação também será zero. Isto explica por que tantas tentativas de se praticar o *empowerment* falham.

A empresa Leyland Trucks reconheceu que é vital que a liberdade e a autoridade para agir sejam equilibradas pela habilidade e responsabilidade (20).

4.12) FMEA: *Failure Mode Effect Analysis* – ferramenta para se identificar falhas potenciais e para se tomar ações para minimização dos riscos. Muito utilizada na cadeia de fornecimento para a indústria automobilística, principalmente o PFMEA (FMEA de processos – por exemplo, de manufatura).

Uma equipe multidisciplinar estima três índices, que multiplicados resultam num índice de risco. Baseando-se nos maiores índices de risco, priorizam-se as ações. Assumindo-se que as ações recomendadas sejam implantadas, atribuem-se novos índices, que resultam em novo índice de risco.

Os três índices são:

- Severidade da falha, em termos de consequência ao cliente ou para a próxima operação da manufatura;
- Probabilidade de ocorrência do modo de falha: recorre-se aos dados históricos, quando existem, em PPM – peças não

conformes por milhão de peças produzidas ou cpk – índice de capabilidade de processo;
- Probabilidade da detecção do modo da falha.

Como se pode perceber, o conhecimento de conceitos estatísticos é necessário. Para cada um deles pode ser atribuído um valor de um a dez. Portanto, o índice de risco pode variar de um a mil.

A severidade não muda, a menos que haja uma mudança no projeto, o que está fora do escopo do PFMEA (para isto existe o *design* FMEA). Um erro fatal é atribuir índices baixos para não haver a obrigatoriedade de se recomendar ações. Mas com isto, não se tem vantagem da aplicação da técnica.

Existe inclusive caso de aplicação da FMEA na área médica (37).

4.13) Mapeamento de processos (36): o mapeamento do processo deve ser orientado ao cliente. Qualquer processo deve agregar valor, para ser considerada uma transformação verdadeira. O processo deve suportar os objetivos-chave do negócio.

Os objetivos do negócio e o orçamento (*budget*) são definidos normalmente ao nível da organização e não dos processos. Por isto, muitas vezes, as pessoas não se identificam com os indicadores que lhes são apresentados como sendo suas responsabilidades (em alcançar ou superar as metas), pois os mesmos parecem um pouco distantes das suas atividades do dia a dia e muito abrangentes, dependendo de diversas ações e até departamentos diferentes para que sejam influenciados.

Devem-se definir, como parte do mapeamento de processos, as medidas do sucesso do processo, que devem ser concisas, específicas e mensuráveis. Se isto não for definido, como saber se o processo não tem falhado? Em alguns casos, o sucesso é medido pela ausência da falha. Muitas vezes, a medição e o registro da taxa de erros são suficientes como medição do processo.

A medição deve estar de acordo com os objetivos, com os riscos e com os controles (36). Quando não há medição do processo, talvez se chegue à conclusão de que o processo não seja necessário. É necessário analisar que valor o processo está agregando.

Normalmente, as medidas de sucesso são relacionadas ao tempo – exemplos: retornar a chamada telefônica em 20 minutos, emitir o cheque em 48 horas etc.. Caso se mostrem inalcançáveis, inicialmente, deve-se analisar a necessidade de alteração do processo ou da medida, ou ainda da alocação de recursos.

Altas taxas de erro, resultantes do processo, podem indicar que o mesmo deve ser modificado.

4.14) Médias – use com cuidado I: segundo Drucker, as médias não servem para a tomada de decisões por parte dos gestores (23). Deve-se estratificar os dados para identificar quais áreas, por exemplo, merecem atenção para a solução de problemas, como absenteísmo, taxa de acidentes etc..

Diz a lenda que um viajante chegou à beira de um lago e ficou na dúvida se deveria entrar ou não no mesmo para um banho, em função do desconhecimento sobre a profundidade do lago. Naquele momento, o viajante encontrou um morador da região, que ao ser indagado, lhe disse que o lago tinha, em média, 1,70 metros. A decisão então foi quanto a um refrescante mergulho e, quase se afogou.

4.15) Médias – use com cuidado II: diz a lenda que, no início da noite, ao recepcionar os amigos em casa, um casal fez o que milhões de pessoas fazem todos os dias, no Brasil: encomendou algumas pizzas, pelo sistema *delivery*. O jantar foi um sucesso, na avaliação de todos...

Assim que as visitas foram embora, os anfitriões fizeram um balanço e chegaram à conclusão que cada uma das pessoas que estiveram ali naquela noite havia comido em média, três pedaços de pizza. Mas o marido estranhou, pois comeu somente um pedaço, devido ao fato de estar preocupado em servir os convidados, acabou nem comendo direito. O que deu errado no cálculo?

A média é um estimador de centralização da amostra de resultados de uma atividade ou de um processo, ou seja, ela conta somente uma parte da história. Da mesma forma, temos a mediana. Esses estimadores precisam da companhia de outro tipo de estimador: o de dispersão. Exemplos de indicadores de dispersão: amplitude, variância e desvio padrão.

A amplitude, por exemplo, é a diferença entre o máximo valor e o mínimo valor encontrados em uma amostra.

Nos dois *casos* contados anteriormente, os valores informados eram médios.

A profundidade do lago podia variar de 1,2 a 2,2 metros. Se o andarilho soubesse que a amplitude do lago era de 1 metro, muito provavelmente ele decidiria não dar aquele mergulho.

Já no caso das pizzas, o que pode ter ocorrido: algumas pessoas devem ter comigo até quatro pedaços de pizza, enquanto outras comeram um, com uma amplitude de três pedaços.

Existe outro lado dessa moeda, também problemático: alguns indicadores que deveriam ser apurados individualmente e são calculados coletivamente (clientes, fornecedores, máquinas). A consequência é a não tomada de ação baseando-se somente em médias, que podem estar boas, quando se tem casos isolados problemáticos (clientes insatisfeitos, fornecedores não confiáveis, máquinas que ficam inoperantes com frequência).

4.16) Médias: ao ministrar uma palestra sobre indicadores de desempenho, conheci um especialista em vendas e *marketing*, que havia desenvolvido um software baseado nas taxas de conversão, para processos de vendas.

Interessei-me pelo assunto, li o livro de Pease (43), que achei bastante prático e objetivo. Nas suas histórias, ele narra a época na qual atuou como vendedor de esponjas de aço, cobertores e, finalmente, seguros. No livro, são apresentadas diversas experiências próprias, incluindo a aplicação da lei das médias.

Por exemplo, de cada dez telefonemas, cinco pessoas atendiam o telefone, quatro se dispunham a escutá-lo, três demonstravam interesse e compreensão na sua explicação e um comprava o produto ou serviço. Portanto, estas etapas apresentavam as seguintes taxas: 10:5:4:3:1.

Então, ele explica que o segredo está na quantidade de contatos feita. Se a venda representasse 300 dólares, ele encarava que cada etapa lhe conferia uma ganho de 30 dólares.

Pease declara que a lei das médias está sempre a favor do vendedor que se interessa em fazer o maior número de contatos possível.

Para se conhecer quais são as taxas de determinado vendedor, é inevitável registrar as estatísticas de cada etapa.

4.17) Previsões (*Forecasting*): as previsões de resultados devem ser feitas desvinculadas da obrigação de se atingir as metas e da própria avaliação de desempenho dos membros da equipe e dos gestores. Caso contrário, as pessoas podem ficar tentadas a dizer o que os seus chefes querem escutar, comprometendo a isenção da previsão.

As previsões devem servir como verdadeiros *radares*, através dos quais tenta-se detectar com antecedência possíveis problemas, para que se possa agir a tempo.

A previsão é o que nós acreditamos que irá acontecer. Meta é o que queremos que aconteça (21). Deve haver um *gap* entre a meta e a previsão. As metas devem ser ambiciosas. As previsões devem ser realistas. Quando isso não ocorre, pode ser devido às ambições serem muito baixas ou às previsões serem muitas otimistas. (21)

Rolling forecasts: normalmente, levantam-se os resultados de quatro trimestres e projetam-se os resultados de cinco trimestres à frente. Fornecem uma visão de alto nível do desempenho futuro. Em algumas firmas, *rolling forecasts* se tornam o gatilho chave para ação. A alocação dinâmica de recursos é uma das consequências da aplicação desta técnica (21).

Quando a reação às previsões ruins não é boa, desestimula-se a informação das mesmas. Compartilhar notícias ruins é um sinal de força, ao invés de fraqueza (21).

4.18) Qualidade em serviços (36): Karl Albrecht definiu como *momentos da verdade* as interações do cliente com a empresa, onde ele tem a impressão da qualidade (ou não) do seu serviço.

O cliente não paga por procedimentos, mas por resultados. Devemos nos lembrar disso sempre. Muito absurda (e frequente) é aquela reclamação em reunião interna, quando alguém insinua que o problema é o desconhecimento, por parte do cliente, dos procedimentos da empresa... boa esta, não?

4.19) Redução de gastos: não devem ser programas de curta duração, mas sim uma preocupação permanente de todos. Devemos questionar tudo, sempre. Não devemos nos acomodar em períodos de bons resultados, de bonança.

Devemos questionar: "se eliminarmos este gasto, haverá impacto negativo nas receitas ou no lucro? " (26).

Segundo Walton, seus pais compartilhavam uma abordagem em relação ao dinheiro: não o gastar. Ele cita o respeito pelo valor de um dólar! Um dólar gasto tolamente no negócio era um dólar tirado do bolso dos clientes. Cada dólar economizado proporciona uma vantagem em relação à concorrência (27).

Não aceite passivamente aumento nos preços dos fornecedores. Se necessário, procure outras fontes, claro que sem comprometer a qualidade e sem aumentar o risco de abastecimento à sua empresa.

Um modo interessante de reduzir os gastos com compras é envolver os próprios fornecedores, no sentido de sugerirem melhorias no processo de compras. Outra forma de reduzir os gastos é se diminuir ou eliminar o uso de determinado produto ou serviço.

Dizem que custos são como as unhas: devem ser cortadas sempre. Principalmente os gastos fixos, que independem da produção de um só item, devem ser monitorados e controlados, sempre.

Uma empresa média das *Fortune 500* possui três gerentes para cada um que necessita. Gera dez relatórios para cada um que necessita. Tem o dobro da área que necessita e tem três vezes mais capacidade computacional do que necessita (26). Baseando-se nestes dados, fica claro o potencial de redução de gastos. Fifer ainda dá um conselho: que o *ônus da prova* deve ser no sentido de manter o gasto e não no de reduzi-lo.

Indicadores de custos não são boas métricas (33). Segundo Lareau, as empresas gostam de usá-los porque são fáceis de calcular. O risco estaria no fato de além de se eliminar as atividades desnecessárias, eliminar as necessárias. O correto seria focar nas causas dos gastos, numa relação causas x efeito.

4.20) Sistema Toyota de Produção (STP): o Sistema Toyota de Produção prega a redução de custos através da eliminação de perdas e de qualquer tipo de desperdício.

O STP é composto de: eliminação das perdas (80%), um sistema de produção (15%) e pelo *kanban* (5%) (34).

Para o STP, existem sete tipos diferentes de perdas, que são conhecidas como as grandes perdas:

1. Superprodução: produzir mais do que se precisa, ou antes do momento necessário. Pode ser evitada através do planejamento da produção, de acordo com pedidos confirmados e não através de projeções de demanda; somente os produtos estabelecidos pelo *kanban* de fabricação devem ser produzidos, o que fornece informação fácil e imediata; trabalha-se com pequenos lotes, viáveis com o uso da troca rápida de ferramental;

2. Espera, que pode ser minimizada através da mudança de *layout* e da melhoria dos processos; existem as esperas entre operações e nas operações;

3. Transporte, que sem dúvida alguma, na manufatura não agrega valor; a produção de uma peça individual com a passagem da mesma de mão para mão, dentro de uma célula de manufatura, reduz as perdas de transporte; devem se movimentar somente os produtos conforme *kanban* de movimentação;

4. Processamento: etapas do processo pouco produtivas; a troca rápida de ferramental proporciona um ganho no tempo de *setup* e, consequentemente, na eficiência, pois a máquina fica menos tempo parada;

5. Estoque, que pode ser eliminado a partir da implantação dos conceitos do STP; o lado mais danoso dos estoques é o fato de encobrir os problemas. Quando não existem estoques, os problemas afloram e precisam ser resolvidos; a produção só é reiniciada com a eliminação da causa da anormalidade; é necessário se ter máquinas, processos e fornecedores confiáveis (e próximos fisicamente); devem se melhorar as condições que provocam os estoques;
6. Desperdício nos movimentos: antes de se melhorarem as máquinas, os movimentos dos trabalhadores devem ser melhorados. A ergonomia tem papel fundamental no STP;
7. Desperdício na elaboração de produtos defeituosos: nada mais óbvio do que se produzir certo da primeira vez. O *poka yoke*, ou sistema à prova de erros, é fundamental para a produção com qualidade.

Alguns conceitos:

- A busca pela melhoria contínua é um dos pilares do STP. E claro, melhoria sem medição e monitoramento, não faz sentido. Então, STP e indicadores faz todo o sentido!
- Um aspecto interessante é o treinamento do empregado da Produção na realização de operações adjacentes à sua. Em geral, nas operações anterior e posterior à sua.
- As melhorias que objetivam a redução da mão de obra só fazem sentido se culminarem com a redução do número de colaboradores.
- Qualquer nova atividade deve começar com um número mínimo de trabalhadores e melhorias devem ser promovidas, ao invés de se começar com um número mais elevado, tendo que depois abrir mão das pessoas.
- É melhor ter uma ou mais máquinas paradas, em vez de se ter um ou mais colaboradores parados.
- O *setup* deve ser divido em *setup* interno (com a parada da máquina) e *setup* externo (que não requer a parada da

máquina). Os internos devem ser convertidos em externos, sempre que possível.
- Deve-se tentar melhorar os processos e depois as operações.
- Inspeção informativa: a inspeção deve proporcionar *feedback* imediato ao pessoal da manufatura, para se evitar a repetição dos defeitos.

4.21) Six sigma: a Motorola e a GE são citadas na literatura como empresas que investiram muita energia e recursos na implantação do *six sigma* (que é marca registrada da Motorola).

O *six sigma* ficou famoso a partir do início dos anos 2000, com os *Master Black Belts*, os *Black Belts* e os *Green Belts*, que são os níveis de certificação dos profissionais envolvidos nesta técnica.

Entendo o *six sigma* como um método de solução de problemas, bastante embasado em conceitos estatísticos, e que utiliza ferramentas consagradas da qualidade.

No Brasil, uma fabricante de eletrodomésticos desenvolveu um trabalho bastante interessante com os seus fornecedores. Assessorei uma empresa que participou desse trabalho. O que mais me chamava a atenção era o trabalho solitário que o especialista em *six sigma* desempenhava. Ao longo de meses, me lembro de ter visto este especialista alimentando um *software*, instalado em um *notebook*. Posso dizer, com franqueza, que prefiro um trabalho mais participativo, que envolva nitidamente várias pessoas na solução de um problema.

4.22) Sugestões e *Kaizens* direcionados: muitas empresas preferem direcionar os colaboradores no sentido de apresentarem sugestões de melhorias e implantações de *Kaizens*, num determinado período, em torno de um tema que esteja afetando o desempenho da empresa ou que possua um grande potencial de melhoria. Com isso, essas empresas acreditam que este foco possa ser benéfico na identificação de ações que se complementem e que signifiquem um esforço concentrado.

4.23) Sustentabilidade: o que devemos entender como sustentabilidade (31)?

A sustentabilidade vai muito além das questões ambientais. Ela engloba um conjunto de conceitos que norteiam ações que permitem aumentar a probabilidade de uma organização em comemorar aniversários bonitos: 10 anos, 25 anos, 50 anos... 500 anos (por que não?). Existem empresas na Europa e na Ásia estabelecidas há mais de 1000 anos.

Eterna, enquanto dure – o que permite a longevidade às empresas?

Claro que a reposta não é tão simples, fácil e nem direta.

Será que as pessoas normalmente não se interessam pela duração das suas empresas por períodos que vão além das suas próprias vidas?

Sustentabilidade tem tudo a ver com a longevidade das empresas.

Os meios de comunicação convencionaram, erroneamente, tratar o assunto somente com a abordagem ambiental. Vamos porém apresentar alguns elementos da sustentabilidade, nas dimensões econômica, social e ambiental.

- Fazer o bem, ser correto – sempre: acredito no poder (quase mágico) de se fazer o bem, sempre. Parece meio romântico, meio utópico, meio sonhador, mas deve ser encarado como totalmente possível.

  Nesta linha, vamos falar sobre o combate às coisas perversas que minam, com certeza, a perspectiva de futuro das empresas.

  A empresa deve combater todas as formas de corrupção (ativa ou passiva), trabalho infantil ou forçado (em toda a cadeia de valor) e discriminação.

  Como proceder nestes casos? A empresa deve ter diretrizes (documentadas e divulgadas) para essas ocorrências, e deve treinar periodicamente o seu pessoal.

Por outro lado, deve atender a todos os requisitos da legislação (ambiental, de saúde e segurança, fiscal etc.), promover a diversidade, incluindo um maior número de mulheres em cargos de alta gerência, diretoria, presidência e conselho, contratar aprendizes e portadores de necessidades especiais, promover iniciativas de desenvolvimento sustentável junto à comunidade do entorno, combater toda forma de assédio.

- Comunicação: a empresa deve ter a habilidade de se comunicar bem com todos os seus públicos. Isto inclui situações normais, anormais e emergenciais.

Relatórios (e/ou informações disponibilizadas em *websites*) devem ser elaborados de forma a comunicar, de maneira clara, informações relevantes para os acionistas, colaboradores, clientes, fornecedores, entre outros. Aspectos positivos e negativos devem ser divulgados (grande desafio, não é?).

A transparência deve existir em tudo o que se faz. Por que não divulgar a doação feita a um partido político /candidato específicos?

As pessoas devem ser treinadas e devem participar de discussões de revisão, periodicamente, sobre as declarações de missão, visão, valores, políticas (ambiental, de saúde e segurança, da qualidade, integrada), e sobre os códigos de ética e de conduta, entre outros.

- Governança corporativa e desempenho: a meritocracia deve ser sempre a abordagem preferencial. Para isto, é claro, as avaliações de desempenho, com avaliadores e avaliados bem preparados, são necessárias. A remuneração variável e as oportunidades de crescimento e desenvolvimento devem ser resultantes dessas avaliações.

Não só o alcance das metas previamente negociadas, mas a aderência do comportamento do avaliado aos valores da empresa e os resultados ambientais e de saúde e segurança da organização, devem ser levadas em consideração nas avaliações.

O desempenho do conselho de administração e de cada um dos seus membros deve ser avaliado periodicamente. Tendo em vista que, em alguns casos, a remuneração de um conselheiro chega a representar 40% da remuneração anual de um alto executivo, este investimento deve dar um retorno muito bom, não é mesmo?

Sempre que possível, deve-se compor o conselho com profissionais do mercado e contar com o assessoramento de especialistas. Conselheiros proprietários precisam estar muito bem preparados. Cuidado com a tentação em acreditar que somente o nome da família os credenciam, naturalmente, a serem muito bons no que fazem. O alerta serve para a atuação da *família proprietária* em todos os níveis. Deve haver também um plano de sucessão para todos os cargos.

Auditorias internas e externas são muito importantes para se prevenir ou detectar desvios, com o consequente aprimoramento dos controles e a responsabilização dos envolvidos.

O planejamento estratégico tem sido alvo de críticas quanto à sua utilidade, em função da velocidade das mudanças e da imprevisibilidade de muitas variáveis. Neste caso, podemos citar duas frases (me perdoem por não saber o nome dos autores), que reforçam a necessidade dos planos do negócio:

1. *Quando não se sabe aonde se quer chegar, qualquer lugar é o errado;*
2. *Quem não planeja, planeja falhar.*

Os planos devem incluir:
- ações no sentido da inovação, visando reduzir os impactos negativos e aumentar os benefícios sociais e ambientais do negócio;
- o desenvolvimento de novos produtos e serviços, com a inclusão social e a redução da pobreza;
- a criação de valor para os diferentes públicos;
- o uso mais eficiente de recursos naturais.

No livro *O Verdadeiro Poder*, de Vicente Falconi (1), o autor comenta que muitas pessoas sabem desenhar o ciclo PDCA (ou *ciclo Deming*), mas que poucas pessoas sabem realmente utilizar a ferramenta. Concordo com o Sr. Falconi. O mesmo ocorre com o planejamento estratégico: muito se fala, mas o que é praticado, realmente?

- Práticas ambientais, de saúde e segurança: claro que não poderíamos deixar de abordar estas boas práticas como parte da sustentabilidade:
    - reciclagem de materiais e o uso de materiais reciclados;
    - redução na geração de resíduos, efluentes e emissões;
    - otimização no uso dos recursos naturais;
    - melhoria da eficiência energética;
    - gases de efeito estufa (GEE): inventário, estabelecimento de metas e de programa estruturado para a redução das emissões, cumprimento do programa e alcance das metas;
    - descrições de funções (em todos os níveis): devem incluir atribuições e responsabilidades ambientais e de saúde e segurança. Não devemos cair na tentação de *delargar* quase que a totalidade das responsabilidades ao coordenador ou à coordenadora de gestão integrada;
    - melhoria da qualidade de vida dos colaboradores;
    - implementação dos requisitos e certificação conforme ISO 14001 e OHSAS 18001: é um bom começo.
- Cenários: deve haver planos de contingência para diversos cenários, incluindo a ocorrência de crises. Esses planos devem ser atualizados e testados (sempre que possível), periodicamente.

Seguros, com ampla cobertura, devem ser contratados.

Quantas empresas conhecemos que, nos últimos 30 anos, *sumiram do mapa*, em função de um excesso de otimismo dos seus controladores e/ou de despreparo para lidar com algumas situações desfavoráveis?

- Fornecedores: *Uma corrente é tão forte quanto o seu elo mais fraco*. Esta frase ilustra bem a necessidade de se avaliar, selecionar, desenvolver fornecedores, conforme os conceitos da sustentabilidade do negócio.

A imprensa tem divulgado, nos últimos tempos, casos de corresponsabilidade de grandes empresas conhecidas mundialmente (fabricantes de material esportivo, redes de lojas de roupas, entre outras) que adquiriram produtos de fornecedores com práticas laborais questionáveis.

- Equilíbrio: acredito que o grande desafio das pessoas e das empresas seja alcançar e manter um equilíbrio de tempo e de energia investidos em cada um dos elementos que compõem suas vidas e as das empresas.

Ou dedicamos tempo e energia vendendo, ou produzindo, ou inovando, ou melhorando continuamente, ou... ou. Porém, quando nos dedicamos mais a um assunto, corremos o risco de nos descuidar dos outros.

Claro que existem conceitos, já muito conhecidos, como delegação, grupos de trabalho, times autogerenciados, *empowerment* etc., que possibilitam às empresas conduzir vários dos assuntos citados neste texto quase de maneira simultânea.

Entretanto, para que tudo funcione como apresentado aqui, precisamos de gente boa (em todos os sentidos), competente, disposta a fazer um trabalho de qualidade, com produtividade, eficiência etc. ao longo do tempo (constância de propósito).

As pessoas, sempre elas, é que podem assegurar a sustentabilidade e a longevidade das empresas. Neste sentido, a formação e atuação de líderes para a consolidação da cultura da sustentabilidade é fundamental.

5

Gestão do Desempenho e a Questão Comportamental

Na grande maioria das vezes, para se melhorar o resultado de um indicador, dependemos do fator humano, que pode ser imprevisível nas suas reações. Vamos abordar uma série de situações que podem servir de inspiração na implantação de ações, visando a melhoria dos resultados da empresa.

5.1) Estamos enxergando os Clientes? – Walton (27) pregava que, quando um associado (empregado) do Wal-Mart estivesse a três metros ou menos de um cliente, deveria olhar nos olhos dele, cumprimentá-lo e oferecer-lhe ajuda.

Parece simples, mas é assim que somos atendidos/tratados nos nossos locais habituais de consumo? Com todas as teorias que surgiram nos últimos 30 anos, me parece que em alguns momentos nós, os clientes, fomos esquecidos.

Walton ainda dizia que não se podia permitir que os clientes se sentissem invisíveis. Posso dizer que em muitos momentos, me sinto invisível no supermercado, no posto de gasolina, no restaurante etc.

5.2) Comportamento indesejado – um artigo publicado pela *Harvard Business Review* (18) apresenta alguns exemplos de resultados indesejados, obtidos principalmente a partir de comportamentos inadequados, motivados por objetivos e metas bastante desafiadores.

Normalmente, este tipo de problema está associado à busca por resultados expressivos no curto prazo. O artigo cita os casos de objetivos e metas estabelecidos em uma loja de departamentos e numa montadora de veículos, entre outros casos. Problemas citados no artigo:

- **Objetivos e metas específicos:** quando uma pessoa ou uma equipe possuem um objetivo e uma meta específicos, acabam se *esquecendo* de outros aspectos que também são importantes. O artigo cita que os envolvidos ficariam *cegos* para outras questões importantes. Os autores do artigo defendem a ideia que objetivos e metas mais genéricos produziriam melhores resultados.

- **Metas encaradas como *tetos*, ao invés de *pisos*:** uma meta, antes do prazo, poderia causar um relaxamento nos envolvidos. Resultados em negociações poderiam ser melhores se não houvesse uma acomodação dos envolvidos a partir do momento em que se atingisse a meta inicialmente estabelecida. Uma forma de se minimizar isso seria calcular o desempenho num período também mais longo.

- **Comprometer o futuro:** evidências mostram que as empresas que precisam demonstrar seus resultados numa base trimestral, seriam mais propensas a reduzir os investimentos e os desenvolvimentos necessários para a empresa no longo prazo, devido à necessidade de se obter os resultados no curto prazo.

- **Resultados desastrosos, até fatais, na busca da meta:** o artigo cita a tentativa de se chegar ao cume do Monte Everest, de maneira inadequada, o que teria custado a vida de oito pessoas em um escalada. O motivo seria a tentativa de bater uma meta de maneira desastrosa.

- **Comportamento antiético:** a busca em se alcançar metas desafiadoras é mencionada como a causa para o comportamento antiético e para a falta de cooperação e de aprendizado dos envolvidos, que estariam muito focados na meta em si, não enxergando a possiblidade de tentar algo novo.
- **Cultura em risco:** é citada, inclusive, a possibilidade de a busca por resultados alterar a própria cultura da empresa.
- **Metas fáceis de serem alcançadas:** o estabelecimento de metas fáceis de alcançar e que seriam a base para o pagamento de recompensas.
- **Consequências do não alcance das metas:** o que aconteceria caso as metas não fossem alcançadas? Haveria queda na motivação? Punição?

Ao ler este artigo, me lembrei da questão da democracia e do capitalismo: ambos muito criticados como não sendo perfeitos. Porém, não é nada fácil serem substituídos por outros modelos. Da mesma forma que o artigo citado acima foi todo voltado a demonstrar o lado negativo do uso dos objetivos e metas, existem milhares de outros artigos tentando provar o contrário.

Acredito que o BSC (ao definir objetivos e metas de maneira equilibrada para as quatro dimensões do negócio), combinado com uma cultura ética forte e um bom gerenciamento, possa minimizar os riscos citados no artigo.

5.3) Controle central: ausência de confiança (20) – nos dias de hoje, não é difícil encontrar empresas que pertençam a grupos econômicos, compostos por várias unidades. Um pecado muitas vezes praticado, é o de se tentar exercer um controle rígido sobre as unidades. A falta de conhecimento legítimo da operação de cada unidade pode tornar a tomada de decisões difícil e demorada. Além disto, o sinal transmitido às equipes, de falta de confiança, é bastante danoso. Uma versão mais comum dessa tentativa de controle excessivo também se dá na figura do proprietário atuante no seu negócio, que busca participar do *microgerenciamento* da empresa, causando insegurança nas pessoas quanto à tomada de ações/decisões, sem a *benção* do todo poderoso chefão.

Quando a confiança acaba, inicia o controle (21). É importante que haja confiança mútua (20) entre os diversos níveis hierárquicos. Costumo dizer que decisão tomada também é minha decisão. Digo isto quando não aceito, inicialmente, a ideia de um nível hierárquico acima ou abaixo do meu, mas que por imposição ou por convencimento, se torna minha decisão. A partir dali, não cabe a busca pelos culpados, caso os resultados não sejam tão bons quanto os esperados.

Deve-se liberar o poder do *maior patrimônio* das empresas: as pessoas. Não se deve continuar a planejar e controlar suas ações detalhadamente (20). Ou essa história de *maior patrimônio* é pura força de expressão?

5.4) Decisões – são como cirurgias. Não se devem tomar decisões desnecessárias, bem como não se deve fazer uma cirurgia desnecessária. Deve-se considerar a possibilidade de não se decidir nada. O tomador de decisão, como o cirurgião, também não pode fazer meia cirurgia, sob o risco de provocar uma infecção.

Deve-se analisar o equilíbrio entre os resultados da decisão e os riscos e esforços necessários. Converter uma decisão em ação consome tempo. É necessária a atribuição de responsabilidades, etapas, a alocação de recursos humanos e materiais. Na tomada de uma decisão devem-se definir as condições limites, que são importantes, inclusive para se decidir sobre o abandono da mesma. O tomador de decisão deve verificar periodicamente se as bases utilizadas continuam válidas.

As decisões envelhecem e se tornam obsoletas. Uma decisão para ser eficaz precisa atender às condições limites, que estão relacionadas aos objetivos e propósitos da mesma (23). Situações genéricas não precisam de uma solução específica, direta. Os tomadores de decisões definem regras e princípios para tratar essas situações, ao invés de se decidir diretamente cada caso.

Executivos eficazes tomam decisões estratégicas, genéricas e conceituais, em vez de tentar resolver os problemas. Para que se possam tomá-las, os gestores devem promover o desacordo entre os membros da equipe, para que alternativas sejam produzidas. A discordância é importante para estimular a imaginação.

5.5) Trabalho em equipe – tenho experiências incríveis passadas, envolvendo o trabalho em equipe. Porém, nem todos tiveram a minha *sorte* neste campo. Muitas empresas possuem um discurso bonito sobre trabalhar em equipe, mas na hora de praticar não têm sucesso.

O assunto é mais fácil na teoria do que na prática. Para piorar, infelizmente em muitas escolas não se estimula o trabalho em equipe. Ou pior, não se ensina como trabalhar em equipe. As diferenças de interesse, de estilo e comportamento dos integrantes de um grupo na escola (existem os mais calmos e procrastinadores – que deixam o início do trabalho para quase a data de entrega do mesmo – e os ansiosos e acelerados – que iniciam a elaboração do trabalho no mesmo dia no qual o professor informou a sua existência) acabam fomentando conflitos, choques, com o surgimento de críticas e de acusações, que drenam a energia e o foco dos participantes.

Mais tarde, os profissionais, ao ingressarem nas empresas ou ao se tornarem líderes, não sabem ou não querem trabalhar em equipe. A meu ver, a vaidade e o narcisismo entram em cena. Compartilhar o sucesso com os membros da equipe, querer que os colegas *brilhem*, requer uma maturidade que muitas pessoas não possuem. E no caso de insucesso, como é possível não querer responsabilizar os outros, ao invés de fazer uma autocrítica como membro da equipe, para identificar onde se pode melhorar nas próximas oportunidades?

Para piorar, entram em cena avaliações de desempenho individuais que, no máximo, possuem algum quesito sobre o comportamento e a participação no trabalho em equipe.

5.6) Desempenho das equipes – os líderes precisam focar as forças de cada membro da equipe, ao invés de focar em suas fraquezas. Para melhorar o desempenho de toda uma equipe, é mais viável melhorar o desempenho do líder, que seria seguido pela sua equipe (23).

5.7) Aprender com os erros – escutei no rádio que um alto executivo de uma das maiores montadoras de automóveis do mundo havia causado perdas de dezenas de milhões de dólares, graças a uma decisão equivocada. Quando perguntado ao presidente da empresa se o executivo seria demitido, a resposta foi não. E explicou: "Agora que o nosso executivo aprendeu com o erro, vamos enviá-lo para a concorrência?".

Não posso deixar de dizer que raras vezes, durante a minha carreira, testemunhei *perdões* por erros cometidos pelos profissionais da empresa. O que a literatura apresenta é que desvios de conduta devem ser sumariamente penalizados com demissão. Mas erros de outras naturezas devem ser levados em conta como perdoáveis.

A sua empresa é evoluída nesta questão?

Aprendemos quando falhamos ao predizer os resultados de ações. Aprende-se pela experiência e pelo pensamento a respeito das mesmas. Conhecimento é experiência, mas somente aquela que puder ser recuperada quando necessária. Isto só ocorre se aprendermos o que experimentarmos (35).

5.8) Nenhum lugar para se esconder – Não existem mais *hiding places* nas empresas, pois a visibilidade do desempenho da empresa, das equipes e individual é muito grande (20). Gosto desta ideia de que as coisas estão mais visíveis nas empresas.

Existe um eterno personagem da Escolinha do Professor Raimundo, aluno do saudoso Chico Anísio, conhecido como *Rolando Lero*. Acredito que no passado era mais comum encontrar esse tipo de personagem nas empresas. Mas nos últimos tempos, ou as pessoas entregam aquilo que prometem ou correm um risco alto de sair da empresa.

Em geral, o profissional que dá resultados, que resolve problemas, é o mais procurado e valorizado.

5.9) Disciplina da execução: *fazedores* e a cultura da execução – Charan (17) cita que "Sem a disciplina da execução, a liderança é incompleta e ineficaz". A execução é o *link* entre as aspirações e os resultados. É a execução que liga as pessoas às operações, através da estratégia.

Quem quiser construir uma empresa que seja excelente na disciplina da execução, deve selecionar os *fazedores*, que são aqueles que energizam as pessoas, são decisivos em questões difíceis, conseguem que as coisas sejam feitas através dos outros. Os fazedores são admirados pela equipe. Os procrastinadores, não (17). As pessoas imitam os seus líderes. Para se construir uma cultura de execução, temos que ter líderes com esse comportamento (26). Sharma (25) cita Fukuda, que mencionou que as melhorias praticadas no chão de fábrica têm uma razão de melhoramento de um para um. As praticadas na supervisão, de um para três e as praticadas na direção, de um para dez. Percebe-se então a amplitude impressionante obtida nos níveis hierárquicos mais elevados.

Ao longo de 30 anos de experiência profissional, conheci poucos profissionais e poucas empresas que pudessem ser considerados como exímios executores e executoras. O que sempre percebi que faltava às empresas eram disciplina e liderança. Conhecimento técnico nem era o elemento faltante mais importante.

Para executar tanto a aplicação de indicadores quanto as ações para melhoramento dos resultados, é necessário foco e persistência. Implantar novas técnicas pode até ser divertido, propicia visibilidade, crédito aos profissionais envolvidos. Porém mantê-las ao longo do tempo, já é outra história.

5.10) Foco (quase exclusivo) no resultado financeiro – em muitas empresas nas quais atuei, os proprietários se preocupavam quase que exclusivamente com o faturamento do dia anterior e com o que deveria ser pago no dia. Na maioria dos casos, quando a *coisa* não ia bem, não sabiam onde mexer. Infelizmente, mesmo após terem à disposição um leque de outros indicadores, não haviam adquirido o hábito de analisá-los, para a tomada de decisão. Para a minha preocupação como consultor, nem mesmo a geração seguinte da família proprietária tinha esse interesse despertado.

5.11) *Gemba* – pode ser traduzida do japonês como *o lugar onde as coisas acontecem*. Este significado deve servir de alerta, pois não se deve confiar somente em indicadores, relatórios, planilhas, sistemas ERP. E por quê? Porque todos estes meios não nos fazem sentir a temperatura, o cheiro, a vibração, sons, outras sensações e informações disponíveis no *pé da máquina*, nos locais de armazenamento e de atendimento ao cliente.

A manufatura normalmente não é atrativa, pois muitas fábricas são sujas, barulhentas e até perigosas (25). Gosto de estranhar sempre a condição das empresas nas quais atuo. Isto garante que eu não me acostume com a situação e considere que o nível alcançado de limpeza e organização não seja aceitável.

Costumo mencionar em palestras e em aulas que ministro, que um dos aspectos importantes para o sucesso das empresas e dos profissionais, é se praticar o TBC: *tirar o bumbum da cadeira*. TBC pode ser considerada a versão tupiniquim do visitar o *Gemba*. Temos que resistir à tentação de ficarmos muito tempo na frente dos computadores e participando de inúmeras e infindáveis reuniões.

Drucker (23) cita a prática dos comandantes militares irem até a área onde são servidas as refeições, para provar o que está sendo servido aos seus comandados, não se apoiando somente em informações recebidas. A questão não é de desconfiança nas pessoas, mas sim na fragilidade do processo de comunicação.

5.12) O alcance dos resultados e a liderança – Segundo Falconi(1), "Liderar é bater metas consistentemente, com o time e fazendo certo".

Ao invés de comandar e controlar, deve-se dar suporte e desafiar (13).

5.13) Ser o melhor, não ser o maior – segundo Walton, esta era a sua intenção (27). O curioso é que o gigantismo da rede Wal--Mart não parece resultante da intenção do seu fundador.

Nunca tive como objetivo ter uma consultoria complexa, grande. Mas sempre tive o objetivo de ser um dos melhores consultores do mercado. Claro que esta avaliação deve ser feita pelos clientes, não por mim, e ainda de maneira muito honesta.

5.14) Meritocracia – fácil de falar, nem sempre fácil de praticar. Quando a empresa não pratica a meritocracia, os efeitos são devastadores. Os sinais que são emitidos para as pessoas são no sentido de que o esforço, os resultados, não são importantes, de fato. A empresa deixa claros então quais são os critérios para o reconhecimento dos profissionais, sejam eles a senioridade, a *puxação de saco* do chefe, grau de parentesco com sócios controladores, entre outros.

5.15) Quanto mais perto do culpado, mais longe da solução – assessorei uma empresa familiar, onde repeti por algumas vezes, em reuniões mais acaloradas, a frase que usei como subtítulo para este trecho do livro.

Mas, qual a explicação para esta frase? Vale a pena citar J. Edward Deming. Segundo Deming, por volta de 85% dos problemas nas empresas são devidos às decisões das gerências e motivados pelos sistemas de gestão implantados. Então, se acreditarmos neste número, não faz sentido procurar culpados como uma das primeiras opções para se resolver um problema e para evitar que ele ocorra novamente.

5.16) As pessoas certas no barco: primeiro *quem* – "Se não se pode prever o que vai acontecer, é preciso ter no barco pessoas que possam responder e se adaptar com sucesso a quaisquer situações imprevistas que venham a acontecer"..."As pessoas erradas (devem ser colocadas) fora dele e as pessoas certas nas posições-chave antes de descobrir para onde conduzir a embarcação" (16).

Ao se entrevistar candidatos, não é difícil medir e analisar a inteligência das pessoas. Difícil é analisar a energia e o entusiasmo que os mesmos têm para a execução e seu histórico de desempenho, principalmente quando os resultados dependem de várias pessoas (17).

Dependendo do porte da empresa, o líder não consegue participar do recrutamento e da seleção de 100% dos colaboradores. Uma de suas tarefas é a de contratar gente talentosa, que deverá também contratar gente talentosa.

O fundador da *Southwest Airlines*, Herb Kelleher disse: "Se você não tem uma boa atitude, nós não queremos você, não importa o quão qualificado seja. Nós podemos modificar seu nível de qualificação, através de treinamento. Nós não podemos mudar atitudes" (2).

Portanto, segundo Kelleher, pessoas certas = pessoas que tenham as atitudes certas!

Quanto mais o tempo passa, mais me convenço da importância de se contratar certo para o sucesso das empresas. Não podemos subestimar a importância de investir tempo em processos de recrutamento e seleção que pareçam simples, para cargos que pareçam não ter tanto importância. Ledo engano pensar assim. Do ajudante de produção, da copeira até o gerente de produção, precisamos caprichar nos processos seletivos.

Charan (17) cita a capabilidade organizacional como se tendo as pessoas certas nas posições certas. Para que isto ocorra, é necessária a atuação da liderança, no sentido de realmente conhecer o pessoal e em atualizar constantemente as informações sobre o pessoal. A avaliação de desempenho tem um papel primordial nesta questão. A atuação do RH tem um papel também importante para se atingir e manter a capabilidade organizacional. O RH tem que atuar como um gestor do negócio e deve coordenar as atividades relacionadas aos processos de sucessão em todos os níveis.

5.17) Verdura (pressa) ou cerejas (planejamento e resultados em longo prazo)? Diz a lenda que quando se quer comer verdura, basta semear uma pequena horta e esperar algumas semanas e pronto!

Porém, quando se quer comer cerejas, é necessário plantar e esperar por volta de quarenta anos.

Esta história ilustra a questão do imediatismo das pessoas e das empresas, principalmente do ocidente x o comportamento no oriente. Se quisermos colher os frutos de uma boa gestão da empresa, precisamos ser perseverantes, insistentes, disciplinados. A coisa mais fácil a fazer é desistir. Muitos empresários e executivos brasileiros que conheci queriam obter resultados imediatos de suas implantações.

Sabemos que as coisas não ocorrem dessa forma. O grande risco é haver uma desistência quando já se está bem perto de se obter os primeiros resultados esperados. O sucesso de muitas iniciativas nas empresas depende do aprendizado e do comprometimento das pessoas. Sabemos que nem sempre é fácil se atingir esta condição.

Gestão do Desempenho e a Questão Comportamental ■ 77

Identificar os fatores críticos de sucesso, eleger os indicadores apropriados, estabelecer metas, elaborar e atualizar planos e acompanhar os resultados dá trabalho, mas compensa. Deming pregava, entre outras coisas, a necessidade da *constância de propósito*. Esta questão não envelhece nunca no ambiente de negócios. Muitas empresas, como as pessoas, gostam de novidades, de programas da moda e, depois, se cansam dos mesmos.

Vivi na minha vida profissional, a febre do CEP – Controle Estatístico do Processo. Tive a oportunidade ainda de vivenciar um período de CCQ – Círculos de Controle da Qualidade. Depois, com intensidade, vieram a Reengenharia e as normas ISO, com destaque para a ISO 9001, com seus desdobramentos setoriais (indústria automobilística, petrolífera, entre outras). Os 5S tiveram sua importância, bem como o *Benchmarking*. O *Balanced Scorecard* também tentou ser compreendido e utilizado. O *Six Sigma* também tem levantado bastante expectativa. A *Lean Manufacturing* ainda está curtindo o seu momento de crédito, no momento em que este livro está sendo escrito.

Ou seja, nos últimos 30 anos não faltaram ferramentas para melhoria no desempenho das empresas. O maior problema que vivenciei foi o imediatismo, por parte dos empresários e de altos executivos, e o desconhecimento dos mesmos em relação ao que estava acontecendo e sobre as premissas para o sucesso das implantações das ferramentas apresentadas. Fazer o que todo mundo está fazendo pode trazer riscos à empresa. Claro que muitas dessas ferramentas foram mais do que sugeridas pelos clientes, em especial do segmento automotivo brasileiro.

Segundo Collins, "Em um ambiente incerto e implacável, aderir à loucura das massas é uma boa maneira de ser exterminado". Em muitos momentos, fica difícil falar *não* para seus principais clientes. Por outro lado, não obter os resultados esperados de uma implantação acaba por criar ceticismo, pessimismo em relação à novidade que surge.

Collins (16) menciona a *disciplina dos líderes das empresas com desempenho 10X*, empresas que obtiveram resultados muito superiores às suas concorrentes e ao próprio mercado num longo período de tempo (por volta de 25 a 30 anos). Ele define esta disciplina como *consistência das ações*. Essas empresas "São capazes de enorme perseverança, inflexíveis em seus padrões, mas suficientemente disciplinadas para não irem longe demais".

Isto nos leva a concluir que o importante é ter foco, perseverança e ritmo, como um maratonista durante uma prova de longa distância. Collins cita também que o importante seria cumprir, para se atingir um deslocamento geográfico desafiador, uma cota diária de 20 milhas percorridas, nem muito a mais nem muito a menos. Se caminhássemos muito mais que 20 milhas num dia, estaríamos cansados no dia seguinte e poderíamos ter um desempenho aquém do desempenho médio. Se não caminhássemos ao menos as 20 milhas poderíamos formar um saldo acumulado, ainda não percorrido, impossível de ser cumprido.

Ao escrever estas palavras, me vem à mente a parábola da corrida da lebre contra a tartaruga. Encarei o desafio de elaborar duas monografias em seis meses. Nos dois casos, me propus a escrever diariamente, sem exceção. A mesma estratégia tenho tentado utilizar ao escrever este livro. Posso dizer que não é fácil.

Utilizar indicadores de desempenho apropriados, praticar a gestão adequada da empresa requerem, sem dúvida alguma, muita persistência e tempo para se colherem frutos. Num primeiro momento, parece até que as coisas pioram, ou será que se tornam melhor conhecidas?

5.18) Fazer certo da primeira vez – quando trabalhei numa multinacional sueca, aos 21 anos de idade, eu escutava meu gerente dizer esta frase, que tem como autoria o papa da qualidade, Deming.

Desde aquela época, esta frase faz muito sentido na minha vida pessoal e profissional, mas a percepção da dificuldade em atingir essa situação foi mudando. Para se acertar, a meu ver, são necessários planejamento e preparo. O improviso e o jeitinho batizados como brasileiros acabam trazendo resultados inesperados. Uma abordagem sistêmica, treinamento e recursos adequados, podem aumentar a probabilidade de sucesso já na primeira tentativa.

5.19) Tempo é uma questão de prioridade – há alguns anos, me reuni com um potencial cliente, que me ensinou este conceito de que *tempo é uma questão de prioridade*. A partir daquele momento, até hoje, não consigo proferir a expressão *não tive tempo para fazer*... Isto revolucionou minha vida particular e profissional. Tornei-me mais produtivo do que já era. Tenho passado esta mensagem nas aulas e palestras e reuniões das quais participo.

O importante para se bater metas, implantar planos, alcançar resultados é, sem dúvida alguma, fazer o que é mais importante primeiro. Parece óbvio, mas não é. Muitos profissionais começam pelo que é mais fácil ou até pelo que é mais gostoso ou menos chato de se fazer.

Porém, os executivos não são pagos para fazer o que gostam, mas para fazer o que é necessário. Executivos eficazes passam da condição de *ocupados* para a condição de *alcançando resultados* (23). Para isto, é necessário se dizer *não* para os *comedores de tempo* – pessoas ou atividades que devoram o tempo e que não agregam valor para as partes interessadas.

Deve-se concentrar a atenção e a energia em uma atividade por vez. Desta forma, é possível concluir várias tarefas, com a impressão de que foram executadas ao mesmo tempo.

Drucker (23) cita que a concentração é importante para o executivo eficaz, para que se consiga obter resultados. Fifer (26) comenta que deve existir um prazo para qualquer tarefa e que isto faria com que cada pessoa da equipe utilizasse melhor seus recursos (que devem ser bem dimensionados), no sentido de concluir a tarefa no prazo.

É necessário comunicar e demonstrar para todos os membros da equipe a importância de se aproveitar o tempo em ações que resultem em lucro (26). Eu diria ainda, que poderiam ser ações que resultem em agregação de valor.

Sugiro então ao leitor que pratique um novo hábito: não dizer que não tem tempo. Claro que não é nada fácil, para aquele solicitante ou interlocutor que se sente preterido escutar a frase: "Priorizei outra ação, outro assunto..." Com o tempo, adquire-se mais confiança em falar esta nova verdade.

5.20) O alcance dos resultados e a alocação de recursos – um dos elementos mais importantes para o alcance dos resultados é a execução do plano. O plano deve contemplar a alocação de recursos humanos e materiais.

A alocação de recursos deve ter como intenção maximizar a criação de valor (21). Muitas empresas protelam na alocação de recursos e depois reclamam que não alcançam os resultados desejados. Para se identificar a necessidade de recursos, deve-se conhecer realmente o negócio no qual está inserido. Um dos grandes riscos ao negócio é a existência de gestores, sócios, proprietários e conselheiros que gostam de dizer não, pelo simples motivo de acreditar que assim estariam economizando recursos e provocando melhores resultados. A minha experiência mostra o contrário. Gosto de praticar sempre que possível o gerenciamento pelo *sim*, autorizando minhas equipes a implantar suas ideias, seus planos e a fazer as aquisições propostas. As únicas exceções seriam quando as ideias se conflitam, ou se percebo que não darão certo. Um dos eventos que exigem a alocação de recursos, mas que, normalmente apresentam um bom *payback* são os *Kaizens*.

5.21) Recursos *on demand* – em empresas que possuem sistemas de gestão conforme as normas de gestão (ISO 9001, ISO 14001), a alocação de recursos pode ocorrer em algumas etapas/atividades:

- Análise crítica de contrato;
- Planejamento (avançado) da qualidade;
- Desenvolvimento e projeto de produto;
- Análise dos dados da empresa e na análise crítica pela administração;
- Ações corretivas, preventivas e de melhoria contínua;
- Ações após auditorias internas e externas;
- Treinamento;
- Objetivos, metas e planos (sistema de gestão ambiental).

Ou seja, oportunidades para identificação e alocação de recursos não faltam.

6
Casos Reais sobre Desempenho

Uma das maiores contribuições que podemos fazer ao nos tornarmos mais experientes, é compartilhar nossas histórias com as pessoas que amamos, com as quais nos importamos e também com aquelas do nosso meio profissional. Ao longo de mais de 30 anos de experiência profissional, incluindo mais de 20 anos como consultor, vivenciei muitas experiências que podem colaborar com a vida pessoal e profissional de outras pessoas.

As histórias apelam para as emoções, ao invés da lógica. As histórias podem até mudar nossos instintos naturais. Claro que as experiências que vivenciamos pessoalmente marcam mais do que as que escutamos ou lemos sobre outras pessoas. Emoções podem alterar valores! (35)

A intenção de apresentar estes *cases* é inspirar os mais novos (de idade e/ou de carreira) e prestar uma homenagem sincera às empresas envolvidas.

6.1) Análise dos dados: ao atuar como executivo, sempre tive um momento de reflexão ao realizar, mensalmente, a análise dos dados da empresa (na sua maioria, no formato de indicadores gráficos). Já participei de mais de uma centena de análises mensais nestes últimos dez anos. O aprendizado é alcançado (no subconsciente) através da prática repetida (35).

Dessa forma, me tornei bastante hábil na análise dos indicadores da empresa, com o registro dos resultados em uma ata. Muitas pessoas rotulam esta atividade de chata. Mas com a repetição, ela foi se tornando cada vez mais interessante para mim.

Da mesma forma que as crianças têm dificuldade em aprender com a experiência dos pais, somente colocando *a mão na massa* é que se desenvolve o raciocínio da análise dos indicadores.

6.2) Análise dos dados caprichada: assessorei uma empresa que não encarava a análise dos dados como um evento (longo, enfadonho), mas como uma sequência de etapas:

- Coleta dos dados;
- Atualização dos indicadores;
- Pré-análise dos indicadores pelos donos de processos e gestores;
- Reunião formal, conduzida pela diretoria, com a definição das consequentes ações necessárias, com registro das decisões em uma ata formal.

O interessante é que este ciclo levava três semanas.

A importância dada pela diretoria dessa empresa à gestão do desempenho, a meu ver, é um fator decisivo para o sucesso da mesma, ao longo de sua existência. É desenvolvido todo um trabalho de governança corporativa, com a atuação de um conselho administrativo que tem a participação inclusive de conselheiros externos, o que aumenta a importância do uso dos indicadores de desempenho de maneira disciplinada.

6.3) Balança no recebimento: uma empresa que assessorei decidiu comprar uma balança para verificar os materiais comprados. Para a surpresa da empresa, as diferenças encontradas foram assustadoras: em um dos casos, a diferença do peso declarado no documento fiscal com o físico era da ordem de 30%. Diferença deste nível não sugere erro operacional, mas sim má fé. Enquanto essa empresa não possuía a balança, qual teria sido a perda acumulada? Claro que estou citando este caso, para destacar a necessidade das medições em uma empresa e quão desonestos podem ser os *parceiros* da mesma.

6.4) Calotas: trabalhei em fábrica de calotas injetadas em plástico e pintadas.

A empresa fornecia diretamente para as montadoras de veículos e também abastecia lojas, as quais chamávamos de *praça*. Quando uma peça era reprovada pelo controle da qualidade da empresa para o destino montadora, havia algumas opções:

- sucatear e tentar aproveitar o material plástico para reinjetá-lo, misturado no material virgem (quando termoplástico e peça ainda não pintada);
- retrabalhar, para atingir o padrão exigido pelo mercado automobilístico (montadoras);
- destinar a peça, originalmente produzida para a montadora, para a *praça;*
- sucatear a peça, se já pintada, sem possibilidade de retrabalho ou de destinação ao mercado de reposição *praça*.

Chegou-se a um ponto no qual o estoque de peças para a *praça* estava demasiadamente alto. Então iniciamos um trabalho para reverter esta perigosa situação: criamos códigos de defeitos, de operações e de peças. Começamos a codificar todas as peças reprovadas pelo CQ Final da empresa e lançar os dados em planilha especialmente desenvolvida para este estudo. Lançávamos diariamente esses dados em um software estatístico, que nos permitia a elaboração de gráficos de Pareto.

Só iniciamos a elaboração dos gráficos e análise dos mesmos depois de quatro meses de coleta e lançamento de dados. O resultado do trabalho foi fantástico. Identificamos as peças que eram mais reprovadas e os principais defeitos que motivavam as reprovações.

Descobrimos que nosso foco principal precisava ser no processo de pintura (líquida e manual, com o uso de pistolas).

Fizemos então algumas melhorias nos processos:

1. Substituímos a preparação das tintas, de proporção volumétrica para proporção em massa (peso), mais precisa;
2. Restringimos a preparação das tintas a um preparador treinado por turno (isolamos uma variável importante);
3. Substituímos *paninhos* utilizados na limpeza da superfície da peça injetada, antes da pintura, por gaze hidrófila para uso industrial;
4. Substituímos os carrinhos nos quais repousavam as peças pintadas, que tinham camadas fixas, por camadas basculantes, por mola. Com isso, minimizava-se a chance de riscar as peças ao se colocar ou tirar as peças do carrinho;
5. Instituímos uma identificação do horário a partir do qual as peças poderiam ser embaladas, em saco plástico e caixa de papelão, sem o risco da embalagem grudar nas peças ainda quentes;
6. Definimos um número máximo de retrabalhos na mesma peça. A sinalização era feita através do uso de uma etiqueta circular, branca e autoadesiva, na parte interna da peça. Quando havia, por exemplo, duas etiquetas coladas, ou se destinava a peça à *praça* ou a peça era sucateada;
7. Melhoria na gestão dos padrões de tonalidade e brilho;
8. Os inspetores da qualidade no final (quatro pessoas) passaram por exame oftálmico. Eu quis dar o exemplo, e também ganhei óculos. Risos.

Podemos destacar alguns pontos importantes:

1. A coleta dos dados por um período suficiente;
2. O uso de um software apropriado;
3. O uso de uma técnica como o Pareto;
4. Ações corretivas eficazes nos processos;
5. Trabalho em equipe e suporte da alta direção, com as mudanças e investimentos necessários.

6.5) Melhoria no setor de curvadeiras: a empresa implantou um processo de melhorias no setor de curvadeiras, a partir de apontamentos de produção especialmente desenvolvidos para este trabalho, e cálculo do índice de eficiência de cada uma das suas curvadeiras.

Com isso, foram identificadas as oportunidades de melhoras, que impactariam no incremento da eficiência de cada uma das máquinas. Vários *Kaizens* foram implantados, os quais incluíam conceitos de manufatura enxuta.

É incrível o que se pode melhorar a partir da observação, codificação de eventos e apontamentos do que ocorre no uso das máquinas. A alocação de recursos humanos e materiais, incluindo ferramentas e instrumentos de medição, foi decisiva para o alcance dos novos resultados apresentados.

6.6) Descarte de água + óleo: muitas vezes, a melhoria acontece antes mesmo de se ter a informação traduzida em um indicador. Grandes ferramentas de estamparia de chapas de metal, após serem utilizadas, eram lavadas, para então serem guardadas. Esta atividade, considerada necessária, gerava um efluente composto por água + óleo, que tinha que ser corretamente descartado, segundo regras ambientais. Até aí, tudo bem.

Apesar de possuir alguns indicadores na empresa, eu tinha o hábito de analisar uma lista de gastos mensais, detalhada. Após analisar essa lista, em uma ocasião, me chamaram atenção os gastos com o descarte desse efluente, que passava de R$ 100 mil/ano. Solicitei ao nosso técnico de segurança que pesquisasse uma alternativa para aquela situação.

Foi desenvolvido um processo para separação do óleo e água, com aproveitamento de quase toda a água, para a mesma aplicação (lavagem do ferramental) e com o consequente descarte somente de uma borra oleosa, com a economia final de aproximadamente 80% do volume de água.

O que aprendi com esta experiência?

1. Questões ambientais podem apresentar um grande potencial de melhorias;

2. Dados brutos também podem ser uma importante fonte de informações – não só indicadores mais elaborados;
3. Anualizar algumas informações pode chamar bastante a atenção, ao ponto de obrigar ações, no sentido de se melhorar as atividades e os processos envolvidos;
4. Se tivéssemos utilizado um indicador relativo, por exemplo, gastos ambientais em R$/R$ 1 milhão de faturamento x 100, talvez não tivéssemos despertado para a oportunidade de melhoramento.

Quando fui trabalhar em outra empresa, que possuía um problema parecido, implantamos também a separação do óleo e da água antes do descarte, novamente com a redução dos gastos.

6.7) Eficiência no setor de usinagem CNC: foi escolhido, inicialmente, o setor de usinagem CNC como área piloto para a melhoria no índice de eficiência da mesma.

Desenvolvemos códigos de parada de máquina e um formulário de apontamento. Coletamos dados durante seis meses, antes de se tomar qualquer ação de melhoria.

Elaboramos um plano de ações, com dezenas de ações, e implantamos praticamente 100% delas.

Tivemos um aumento de 50% na eficiência do setor. O que isto significou? Que das sete máquinas iniciais, passamos a ter a capacidade de mais de dez máquinas (quando comparadas as capacidades de produção inicial e após as melhorias). Após os ganhos que tivemos na área piloto, desenvolvemos trabalho similar em outras áreas da empresa.

6.8) Melhoria da eficiência das prensas: após a certificação conforme a ISO 9001, a empresa passou a usufruir de informações que antes não dispunha. Uma dessas informações referia-se às paradas não programadas de prensas com capacidade entre 40 e 60 toneladas, para se ajustar o sistema de acionamento dos martelos. Estas paradas eram bastante frequentes e a eficiência do processo ficava muito prejudicada.

Quando a diretoria da empresa se interessou pelo indicador de disponibilidade das máquinas da área da estamparia, tomou uma decisão surpreendente: ao invés de investir na solução do problema no sistema de acionamento, decidiu substituir os equipamentos por outros maiores, mais modernos. Com isso, além de resolver o problema de eficiência, mudou o perfil da empresa, posicionando-se como estamparia média e pesada.

6.9) Falta de durômetro ou de vergonha? A mesma empresa citada no caso da balança passou por outra experiência inusitada: ao receber um lote de peças que haviam sido tratadas termicamente, por um fornecedor supostamente especializado, descobriu que as peças estavam fora da especificação no quesito dureza (justamente um dos parâmetros especificados para a contratação do serviço).

Ao visitar o fornecedor para se conhecer o processo utilizado (o que devia ter sido feito antes da contratação), descobriu-se que o fornecedor não possuía o recurso para medir a dureza: justamente um durômetro. De acordo com a ISO 9001, os fornecedores devem ser avaliados e selecionados antes da contratação dos mesmos. Sempre que possível, esta avaliação deve ocorrer nas instalações do fornecedor potencial e não só através de questionários, autoavaliações, análise de certificações.

6.10) *Furo no estoque* **– I :** esta é uma gíria bastante utilizada quando se acessa o estoque físico na intenção de utilizar um material, componente, e descobre-se que a quantidade indicada num sistema de controle (exemplo, ERP) não *bate* com o físico. Muitas vezes, ocorre atraso na entrega do produto ao cliente, acarretando todos os dissabores já esperados: cliente insatisfeito, multa, clima tenso na empresa do fornecedor, entre outros.

Vamos à história...

Assessorei um fabricante de equipamentos que utilizava material metálico cheio (laminado, trefilado) para fabricação de componentes. Essa empresa guardava no estoque as pontas geradas no processo, para aproveitamento futuro.

A quantidade a ser armazenada era pesada, para lançamento no sistema informatizado. Um dia, ao analisar a necessidade de um determinado material, consultou-se o estoque, via sistema informatizado, e chegou-se à conclusão que havia material suficiente no estoque.

Quando o estoque foi acessado fisicamente, a surpresa: o estoque daquele material era formado, principalmente por pontas, que não podiam ser aproveitadas para a confecção do componente pretendido. Se estas pontas já eram consideradas, no orçamento do equipamento, por que tentar aproveitar as mesmas? Ou por que ter a preocupação de se lançar no sistema informatizado?

Outra questão problemática era a rastreabilidade destas pontas.

6.11) *Furo no estoque* – II : assessorei uma empresa fabricante de produtos eletrônicos. Certa vez, a empresa modificou o projeto de um produto, reduzindo a necessidade de um determinado componente de quatro para três peças por conjunto.

Porém, algo não deu certo... descobriu-se mais tarde que havia mais de 60.000 componentes estocados. O que deu errado? Quase tudo. O projeto do produto pode ter sido atualizado, mas ao que parece, a estrutura do produto no sistema informatizado, não.

Para agravar a situação, a baixa do estoque, ao que tudo indica, era feita através do faturamento do produto, porém com estrutura indicando o consumo de quatro componentes por conjunto.

Faltou com certeza um indicador de estoque por componente, além de um sistema de entrada e saída de componentes e controle de inventário.

Esses componentes excedentes seriam consumidos com o tempo. Mas o desperdício de recursos financeiros foi evidente.

6.12) Exemplo de governança corporativa: quando iniciei na empresa, como consultor, encontrei o sistema mais evoluído de medição do desempenho que já conheci. Havia uma estrutura de governança corporativa, que fazia com que o relato do desempenho da empresa fosse tão importante. Dois executivos atuantes no dia a dia da empresa (um na área de operações e outro nas áreas administrativas) prestavam contas para a família proprietária.

Só como exemplo, o índice de refugo interno era acompanhado diariamente, de maneira interessada, por vários colaboradores de diversos níveis hierárquicos, pois impactava de maneira decisiva no cálculo do pagamento da participação nos resultados. O cálculo do refugo era feito a partir de apontamentos feitos na inspeção da qualidade no final, porque as peças não conformes eram mantidas com o lote original, o que facilitava o cômputo deste indicador.

Outro resultado que era acompanhado continuamente, era a eficiência dos processos. A prevenção era praticada de maneira sistêmica: todos os ferramentais, após a utilização pela Produção, eram tornados indisponíveis, via sistema informatizado, até que sofressem uma verificação, com o consequente reparo quando necessário. Após estas etapas, os ferramentais ficavam com o *status* de disponível, podendo então ser usados.

O setor de PCP tinha uma atuação bastante destacada nas operações da empresa. A forte liderança dos dois executivos mencionados, aliada às necessidades da família proprietária, foram determinantes para que a gestão do desempenho da empresa fosse feita de maneira tão disciplinada ao longo do tempo.

6.13) Indicadores relativos: atuei como consultor em uma empresa do ramo de autopeças que estava tentando implantar o CEP (Controle Estatístico do Processo) há anos.

Após ministrar algumas turmas de treinamento, envolvendo colaboradores de diversas áreas e níveis hierárquicos, fomos convidados a assessorar a empresa na aplicação do CEP.

Identificamos então um problema conceitual, que possivelmente havia comprometido a implantação do CEP até então: o uso de um registro, chamado carta de controle do tipo *np*, por atributos, que deveria indicar a quantidade de peças não conformes em cada amostra coletada.

Por que se optou por usar este tipo de carta de controle? Por não requer cálculos por parte do usuário.

n: tamanho da amostra

np: quantidade de peças não conformes na amostra

Exemplo:

Horário da coleta da amostra	Tamanho da amostra n	Quantidade de peças não conformes na amostra np
9:00	10	2
10:00	5	2

Qual o problema na aplicação desta carta de controle? Aparentemente, as condições eram comparáveis. Mas, não eram!

O tamanho da amostra deveria ser constante. Caso contrário, dever-se-ia utilizar outro tipo de carta de controle, também por atributos, do tipo p (parcela de peças não conformes em relação à amostra).

$$P = np/n$$

Baseando-se nos dados anteriores, teríamos:

Horário da coleta da amostra	Tamanho da amostra n	Quantidade de peças não conformes na amostra np	p=np/p
9:00	10	2	0,2
10:00	5	2	0,4

Ou seja, a situação é bem diferente entre os horários citados. Porém, inicialmente se pensava que fossem iguais.

Se multiplicarmos o resultado p por 100, encontra-se o percentual de peças não conformes.

A saída era utilizar a carta p e ainda não ter que fazer o cálculo np/p. O que sugerimos então ao cliente?

Utilizar uma simples tabela. Com o advento de planilhas eletrônicas, a elaboração de tal tabela ficou muito simplificada.

Parcela p

np \ n	5	10
1	0,2	0,1
2	0,4	0,2
3	0,6	0,3
4	0,8	0,4
5	1,0	0,5
6		0,6
7		0,7
8		0,8
9		0,9
10		1,0

A tabela poderia ser maior, tanto na direção de np, quanto de p.

A empresa passou a ter então duas opções: usar o tamanho de amostra constante, quando usasse a carta np, ou usar a carta p quando quisesse variar o tamanho da amostra.

Tivemos cuidado na forma de comunicar a empresa sobre o erro cometido até então, para que o pessoal envolvido não sofresse um desgaste exagerado.

Este exemplo visa alertar o leitor quanto a possível prática de erros conceituais parecida a esta apresentada, no cálculo e monitoramento de indicadores.

Exemplos de possíveis erros conceituais:

- Indicador de acidentes ocorridos no mês, que não levam em consideração o número de pessoas ou horas envolvidas;
- Indicador de horas de máquinas inoperantes, que não levam em consideração turnos ou horas trabalhadas, ou que misturam máquinas diferentes e de relevância diferente no mesmo indicador;

- Indicador clássico do faturamento mensal, quando não se leva em consideração o número de dias possíveis de se faturar e outras variáveis.

6.14) km rodados: eu era gestor em uma empresa, na qual estávamos muito empolgados com a melhoria contínua em praticamente todas as áreas e atividades da empresa.

Existiam alguns postos de controle da qualidade no processo que eram compostos por mesas de granito ou de ferro fundido, para suportar as peças a serem controladas, bem como os instrumentos de medição que precisavam ser utilizados. Estas mesas são chamadas, no mercado, de desempenos.

Percebemos que os inspetores da qualidade precisavam se deslocar, das máquinas nas quais eram processadas estas peças até os desempenos e no sentido contrário, após a inspeção e conhecimento dos resultados.

Coletamos dados durante alguns dias, fizemos alguns cálculos muito simples e chegamos à conclusão de que os inspetores e alguns operadores das máquinas andavam muitos, muitos km por dia. Claro que esse deslocamento não agregava valor algum à atividade ou à empresa. O cansaço físico era o resultado mais óbvio dessa situação, além da demora na inspeção e, em muitos casos, na informação necessária quanto à liberação inicial da máquina para produzir, ou para saber se um problema inicialmente detectado havia sido solucionado. Essa situação se traduzia em tempo perdido de produção, resultando em menor eficiência e em menor capacidade de produção ao longo do dia.

Promovemos mudanças no *layout* desses postos de controle da qualidade, com uma redução fantástica das condições adversas inicialmente descritas aqui.

6.15) Legião de consultores e *tsunami* de projetos: assessorei uma empresa que possuía vários consultores: em recursos humanos, em manufatura enxuta/*Kaizens*, em ferramentas da qualidade, em alta gestão e em sistemas de gestão integrada.

Porém a empresa não apresentava um bom desempenho junto a um importante cliente, em termos de qualidade dos produtos fornecidos, medido em peças não conformes a cada 1.000.000 de peças fornecidas (PPM).

Se havia tanta inteligência envolvida, além da equipe interna, o que estava faltando?

Coordenação para a integração dos projetos.

Sugeri então aos sócios da empresa que o consultor em alta gestão fosse o maestro de todas as outras consultorias. Acredito que essa empresa não foi a única a cometer este erro: tentar implantar vários projetos ao mesmo tempo, mas que deveriam estar interligados.

Os colaboradores da empresa precisavam se envolver em vários projetos, com lições de casa que seriam cobradas de diferentes consultores e ainda precisavam dar conta das atividades rotineiras do dia a dia.

6.16) A máquina que foi comprada sem necessidade: certa vez, li um texto que dizia que os gestores ocidentais, diferentes dos orientais, buscavam solucionar alguns problemas de gargalos de produção com a aquisição de máquinas e equipamentos, ao invés de se tentar promover melhorias com os recursos que dispunham originalmente.

Eu vivenciei uma situação dessas: fui contratado como gestor em uma empresa que havia encomendado uma máquina bastante moderna, para aumentar a capacidade de produção existente, que contava com uma máquina não tão moderna.

Porém, enquanto a nova máquina não chegava, trabalhávamos em dois turnos, de segunda a sábado, e fazíamos frequentemente horas extras aos domingos.

Como o fornecedor da nova máquina nos avisou que a entrega da mesma atrasaria, resolvemos dar uma olhada no processo existente, para tentar identificar algo que pudesse ser feito.

Coletamos dados sobre os motivos das paradas não planejadas de produção. Calculamos então um indicador de ineficiência. Para nossa surpresa, quase 40% do tempo de máquina parada era devido à existência de somente uma bandeja para a coleta e retirada do cavaco (sucata metálica) gerado na atividade.

Com baixíssimo investimento, confeccionamos outra bandeja, e o tempo de máquina parada por aquele motivo despencou a quase zero.

Quando apresentamos este *Kaizen* num encontro mensal que tínhamos com o presidente do grupo de empresas à qual pertencia nossa unidade, fomos questionados sobre o porquê da compra da máquina nova e por que não foram feitos o estudo e a introdução das melhorias antes de se convencer a diretoria do grupo da necessidade da compra da mesma. A máquina já estava praticamente pronta e não havia como cancelar o pedido.

O que aprendi com esta experiência?

- Que devemos ter uma postura mais oriental, antes de se investir em máquinas e equipamentos;
- Mas, mais importante: que devemos reagir com muito cuidado ao se conhecer uma situação de melhoria e não buscar culpados. Essa reação pode provocar um medo na implantação de novas melhorias. Ao invés de se destacar o empenho na solução do problema, pode-se ter a impressão que o foco é na busca dos culpados.

6.17) Definição de metas: o estabelecimento de metas tinha se tornado uma atividade pouco precisa na empresa, que estava habituada a aplicar um adicional ou uma redução percentual ao resultado obtido, como nova meta, e que visava obter ganhos incrementais e duradouros.

Foi a partir da utilização do método conhecido como 50% do *gap*, divulgado pelo consultor Falconi, em seu livro *O verdadeiro poder*(1), que as metas passaram a ser batidas com maior frequência. Esse método é citado na parte inicial deste nosso livro.

Outro fator coincidente e decisivo ao início do uso do método citado, foi a redução da quantidade de indicadores, o que permitiu maior foco aos gestores da empresa. Foram eliminados indicadores que não motivavam ações de melhoria, ou que eram muito vagos ou muito abrangentes, o que não permitia a identificação de ações para melhoria no desempenho. A quantidade de metas batidas, ao se comparar o mesmo mês em dois anos consecutivos, aumentou em mais de 100%.

6.18) Momentos da verdade: na área médica, tive o prazer de assessorar um laboratório especializado em anatomia patológica. Fiquei impressionado com o que encontrei:

- Excelente nível de informatização;
- Foco nos clientes;
- Ótima proximidade com os médicos requisitantes dos exames;
- Grande seriedade com que os diretores e a equipe tratavam de cada assunto, cada detalhe do dia a dia.

Uma das coisas que implantamos foi um pequeno questionário de satisfação dos clientes (pacientes que faziam os exames no laboratório). Como a estrutura da empresa era bastante enxuta, eu mesmo, como consultor, fazia a tabulação dos resultados das pesquisas e as apresentava aos dois sócios-diretores. Eu usava a escala de Likert, para chegar a um índice resultante (de zero a 10). As notas atribuídas já eram altíssimas. Então, focávamos também nos comentários que alguns respondentes registravam no questionário. Em alguns casos, fazíamos contato posterior, via telefone, com a pessoa que havia sugerido ou se queixado de algo.

Eu havia começado há poucos anos no ramo de assessoria e treinamento, com ênfase em gestão da qualidade. Lá, pude conhecer uma empresa que, anos depois, se tornaria um fenômeno, com diversas unidades e um nome fortemente reconhecido como sendo sinônimo de excelência e confiabilidade.

Aplicamos na época conceitos de Karl Albrecht, autor que apresentou ao mundo a definição dos *momentos da verdade* em seu livro sobre qualidade em serviços. Sem dúvida alguma, os sócios do laboratório entenderam, desde o início da operação da sua primeira unidade, a importância de possuir uma equipe altamente preparada para satisfazer as necessidades de todas as partes interessadas, em cada um dos *momentos da verdade* que surgissem.

6.19) Participação do pessoal do chão de fábrica: em uma empresa do ramo químico que assessorei, implantamos uma opção à famosa caixa de sugestões: CCQ ou círculos de controle da qualidade. A metodologia era, até então, somente teoria para mim. A empresa também não havia tentado implantar o CCQ até aquele momento.

Foram adquiridas mesa e cadeiras do tipo lanchonete *fast food*, que foram instaladas em uma área da produção, numa espécie de *ilha*, com espaço para afixar informativos, indicadores. Havia também plantas vivas.

Eu era o mediador dos encontros. Reuníamo-nos em pequenos grupos, periodicamente. Não havia assunto proibido. As sugestões apresentadas eram submetidas à alta direção para aprovação da sua implantação. Havia uma premiação pela participação, com brindes com o logotipo da empresa. Nada tão caro, como toalha de praia, garrafa térmica, entre outros brindes.

Esta sistemática se mostrou mais eficaz do que a famosa caixinha de sugestões.

6.20) Redução de perdas na anodização: as tampas são, normalmente, estampadas, utilizando-se um processo conhecido como repuxo profundo, onde uma tira em alumínio é prensada e depois anodizada para conferir a cor e o brilho esperados pelas empresas produtoras de perfumes.

O gerente geral da empresa me chamou e apresentou um desafio: trabalhar com a equipe interna para reduzir as perdas no processo de anodização.

E o que ele chamava de perda? Peças refugadas e retrabalhadas, devido aos problemas existentes no processo de anodização.

Com certeza, aceitei o convite.

Fiquei imaginando qual metodologia usaria para aquele desafio. Cheguei à conclusão que poderia utilizar o CEDAC (explicado como uma versão do diagrama causa x efeito, neste livro).

Afixamos então um grande diagrama espinha de peixe numa parede da sala de reuniões. A cada visita semanal à empresa, eu chamava os colaboradores de diversas áreas e níveis hierárquicos.

Cada pessoa convidada tinha um tempo ilimitado de participação e um número ilimitado de cartões, para escrever as potenciais causas do problema *perdas no processo de anodização*. Abordamos as categorias de causas potenciais:

- material;
- método;
- mão de obra;
- medição;
- gerenciamento (*management*);
- máquina;
- ambiente (laboral).

Depois de algumas semanas, elaboramos um plano de ações com mais de uma centena de melhorias propostas. Entreguei, em nome da equipe que participou dos encontros semanais, o plano de ações à gerência da empresa.

Me distanciei, para que a empresa pudesse fazer a lição de casa. Meses depois, o coordenador interno deste trabalho me telefonou dizendo que as ações foram implantadas e que os resultados foram expressivos: as perdas no processo de anodização haviam despencado.

Vale a pena lembrar que toda esta historia teve início com a medição das perdas, pela empresa, e a decisão, pela gerência geral, de se mudar o cenário.

6.21) Reunião mensal de resultados: atuei em uma empresa que promovia uma reunião mensal na matriz, com a participação de representantes das diversas unidades, da diretoria corporativa, e inclusive da presidência.

Os resultados de cada unidade e do grupo como um todo, eram projetados com o uso de *data show*, utilizando-se uma planilha padrão, preenchida pela controladoria da matriz, que detalhava desde o faturamento bruto até a parcela de lucro disponível para os controladores e para a unidade investir.

Era um momento especialmente estimulante, pois havia uma competição interna pelos melhores resultados de cada mês. Havia também uma meta corporativa que, se não fosse atingida, impactava no pagamento dos bônus aos executivos do grupo. Esta era uma das formas de se promover a cooperação entre as unidades.

Os planos da área comercial, de compras e finanças eram apresentados pelos diretores que atuavam na matriz, de forma corporativa.

Melhores práticas também eram compartilhadas entre as unidades, incluindo informações sobre novos fornecedores que podiam ser úteis a todas as unidades.

6.22) Pesquisa de satisfação dos clientes: participei, no início de um ano, da análise dos resultados da pesquisa de satisfação anual dos clientes de uma empresa na qual atuei como executivo.

A empresa compilou os resultados e chegou a um índice geral, que poderia variar de zero a dez. Quase a totalidade dos clientes, naquele ano, reclamou do atendimento insatisfatório quanto às entregas no prazo.

Poderia ter sido mais uma pesquisa burocrática, para atender a um procedimento interno da empresa, conforme ISO 9001. Mas não foi bem assim. Ao invés de se elaborarem planos pulverizados, inclusive para resposta a cada cliente, preferiu-se elaborar um plano mestre de ação. Quando um cliente solicitava um plano de ação para melhoria das entregas no prazo, eram extraídas as ações do plano mestre que faziam sentido para aquele cliente (em função dos processos envolvidos, linhas de produtos), com envio ao solicitante, de maneira honesta, transparente.

Em nenhum momento se procurou varrer a sujeira para debaixo do tapete. Nos meses que se sucederam, as ações ficaram focadas no atendimento aos clientes, tais como terceirizações de operações, melhor monitoramento diário da produção, alocação de recursos humanos e materiais, melhor comunicação interna e externa com os clientes, aumento da eficiência.

Os indicadores de *atraso médio, em dias* e *entregas no prazo em relação às entregas feitas, em %* foram acompanhados mês a mês. A melhoria no primeiro foi de 34% em 13 meses. A melhoria no segundo foi de 78%, também em 13 meses.

Em nova pesquisa anual, no ano subsequente, os resultados apresentaram uma melhora no humor dos clientes. Eles reconheceram os esforços feitos pela empresa e o seu reflexo nas entregas.

Foi um grande aprendizado para a empresa de como encarar o problema de frente e trabalhar forte para reverter uma situação desfavorável. Não adianta medir a temperatura corporal, identificar a febre e quebrar o termômetro, de raiva. Negar a existência de um problema só deve agravar o mesmo. Se não for para se tomarem medidas concretas como as relatadas acima, para que se medir alguma coisa? E no caso das pesquisas de clientes, existe um agravante: levanta-se a expectativa de que alguma coisa será feita, a partir da consulta aos mesmos. Se nada ocorre, no mínimo, perde-se a credibilidade nas pesquisas futuras.

6.23) Planos de ação: ao assessorar uma empresa multinacional, tomei contato com uma das práticas mais interessantes que já conheci na minha carreira: a empresa dispunha de algumas cópias de um formulário específico na sala de reuniões para registro de plano de ações.

Esses formulários nos faziam lembrar a importância de se decidir, atribuir responsabilidades, documentar o resultado da reunião.

Fifer (26) cita que as reuniões devem ser feitas para se decidir, não para se discutir.

Claro que nem toda reunião gerava um plano de ação. Algumas reuniões eram feitas com outros propósitos.

Quantos de nós já participamos de reuniões improdutivas, inconclusivas, que não *deram em nada*?

Na minha atuação como gestor, me preocupo em elaborar uma ata de cada reunião da qual participo. Aprendi isto com um ex--gerente meu, na década de 1990. Além de elaborar a ata, sempre que possível, repasso os principais pontos aos participantes, antes da finalização da reunião.

Em alguns casos, o resultado é decepcionante e não dá para disfarçar: muita conversa para pouca decisão.

6.24) Rebarba excessiva : implantamos um procedimento para controle das não conformidades durante o processo, numa empresa que assessorei, no ramo de autopeças.

Durante uma reunião, o questionamento era sobre a grande quantidade de relatórios que estávamos gerando, pois toda vez que ocorria uma não conformidade, tínhamos que emitir um relatório de não conformidade.

Descobrimos então que quase a totalidade dos problemas detectados eram rebarbas nas peças estampadas em chapas de aço. Então questionou-se: por que não eliminamos estas rebarbas, que motivam os retrabalhos? A resposta foi que as rebarbas tinham origem em estampos antigos, desgastados e que as montadoras (proprietárias desses ferramentais) não autorizavam o pagamento de tais consertos.

Então surgiu outra ideia: por que não incluir a operação de rebarbação nos fluxos dos processos dessas peças, já que estava se tornando uma operação inevitável, e com isso reduziríamos a burocracia da emissão dos relatórios, a cada lote de fabricação? A segunda resposta foi ainda mais surpreendente do que a primeira: se incluíssemos a operação de retrabalhar, o custo das peças aumentaria. Mas aquele custo já não existia? Ele só passaria a ser conhecido...

6.25) Simples, simples, simples: tive a oportunidade de assessorar uma empresa que estava sendo estabelecida no Brasil. A mensagem quase única do presidente da empresa, um empresário italiano, era: tudo tem que ser simples, simples, simples.

Parecia mais um chavão da moda. Mas posso assegurar: a mensagem entrou na minha cabeça e até hoje (anos depois) sou influenciado por ela no meu dia a dia. As empresas, muitas vezes, caem na armadilha da complexidade e depois não sabem o porquê de não atingir os resultados esperados.

Isto tudo tem muito a ver com a implantação de indicadores e com a gestão do desempenho da empresa, através dos mesmos. Os formuladores de políticas e de processos nas empresas têm que se lembrar do público alvo de suas iniciativas. Tudo tem que ser compreendido e mantido pelo pessoal mais humilde da empresa, com menor escolaridade. Caso contrário, não se obtêm os resultados originalmente esperados.

6.26) Tempo de permanência no estoque: assessorei uma empresa que decidiu desenvolver e implantar um controle no estoque – o tempo de permanência dos produtos acabados, no estoque, em dias. Surpresa: muitos produtos estavam no estoque há anos. O problema é que a empresa produzia produtos especiais. Então, por que havia tanto produto acabado no estoque? Será que foi fruto da produção apoiada em previsões, ao invés de pedidos firmes? Ou uma tentativa de se amortizar um *setup* demorado?

6.27) Visibilidade dos processos fabris: ao mudar de endereço, uma empresa teve a oportunidade de planejar e implantar um novo *layout* para as suas instalações.

Num determinado dia, eu estava atuando como consultor no novo endereço e estava conversando sobre melhorias com um dos sócios da empresa, num andar elevado, onde tínhamos uma visão privilegiada, através de um amplo vidro com vista para toda a área da Produção.

Num determinado momento, chamou a nossa atenção o deslocamento longo e moroso de um colaborador ao longo do setor de Produção, parando duas ou três vezes para conversar com os seus colegas. O motivo do deslocamento do colaborador era buscar uma caixa metálica vazia para a colocação de peças que seriam produzidas pelo mesmo.

A reação do diretor foi de indignação. Ele comentou que as coisas pareciam ter piorado na nova fábrica. Logo depois chegamos à conclusão, entretanto, que aquele tipo de situação já deveria ter existido no endereço anterior.

A diferença era que, no novo *layout*, podia-se ver o que acontecia. Na condição anterior, com verdadeiros labirintos, não era possível ver com clareza aquele tipo de desperdício.

Quando utilizamos novos indicadores, corremos o mesmo risco: o de acreditar que o desempenho da empresa está piorando. O que precisamos compreender é que na maioria das vezes passamos a conhecer melhor certos aspectos da operação, até então desconhecidos.

6.28) Apresentação mensal dos *Kaizens* implantados: ela ocorria em cada unidade. O encontro tinha a participação do diretor presidente do grupo e, sempre que possível, de colaboradores de outras unidades. Com isso, a melhoria contínua era disseminada por todo o grupo. Ter o presidente como *sponsor* dos *Kaizens* era um incentivo a mais para todos os participantes. Todo *Kaizen* implantado em uma unidade deveria ser analisado quanto à viabilidade de implantação em outras unidades.

6.29) Café com a gerência: esses encontros aconteciam todas as últimas sextas-feiras de cada mês, pela manhã e à tarde, para abranger os dois turnos de trabalho.

Eu levava tão a sério esses eventos que nada fazia com que eles não ocorressem. Os encontros aconteciam na minha sala. Eu era o gerente da planta. Os aniversariantes do mês podiam questionar qualquer informação que a mesma seria respondida, a menos que fosse sigilosa. Raramente isto ocorria.

O único recurso que eu usava era um bloco num suporte (*flip chart*) e canetas coloridas. O RH também participava e elaborava uma ata, para que pudéssemos lembrar dos compromissos firmados no encontro. Cada evento durava, em média, duas horas. Ou seja, nestes dias, praticamente metade do meu tempo era reservado a este compromisso. Fazíamos um balanço dos resultados da unidade, dos pontos que foram melhorados e os que pioraram na empresa. Falávamos sobre novos projetos, novos clientes. Todos os participantes eram convidados a participar, com perguntas.

Ao final, cantávamos *parabéns a você*, comíamos um delicioso bolo, regado a refrigerantes. Tirávamos uma foto, para documentar o encontro.

Foi a experiência mais vibrante, intensa, que tive, em termos de comunicação direta, clara, sincera, entre empresa e colaboradores, a respeito dos resultados da mesma.

6.30) **Seleção de indicadores ao longo do tempo:** a empresa possuía uma instrução de trabalho intitulada *indicadores de desempenho*. Ela definia o que devia ser medido em cada processo da empresa, por quem, como, quando, em qual tipo de registro devia ser atualizado o resultado, e qual o método de divulgação dos resultados.

A empresa já havia utilizado mais de 50 indicadores, ao longo do tempo, dos quais restaram 25. E por quê? Porque o tempo ensinou o que era e o que não era importante para a empresa.

É necessário se ter maturidade e coragem para descartar aquilo que não agrega valor para a empresa. Todas as etapas envolvidas na coleta de dados, cálculo de resultados, análise dos mesmos, envolvem recursos humanos e materiais e portanto, gastos. Se não for para praticar a melhoria contínua e o aprendizado, essas etapas devem ser racionalizadas ou eliminadas.

7

500 Exemplos de Indicadores (a maioria comentada)

Apesar da abordagem por processos ser bastante aceita, a maioria das empresas ainda é estruturada, gerenciada e tenta funcionar por setores ou áreas. Por isso, serão apresentados a seguir exemplos de indicadores divididos por segmentos, áreas/setores. Bibliografia da maioria dos exemplos: (3 a 11 e 19). Outras fontes são citadas nas tabelas.

A *tendência favorável,* apresentada nas tabelas a seguir, é o ponto de vista do autor. Críticas e sugestões são bem-vindas.

Item	Indicadores – Administração de Propriedade Rural (AR)		
	Objetivos		Interpretação
	Descrição	Tendência Favorável	
AR1	Nitrogênio	Otimizar	Consumo de Nitrogênio Por Hectare por Ano
AR2	Cultivo Orgânico	Otimizar	[Total da Área Cultivada Organicamente/ Total da Área Cultivada] *100
O cultivo orgânico tem ganhado espaço, cada vez mais. Porém, esta é uma opção estratégica por parte dos empresários do setor agrícola.			
AR3	Área Irrigada	Aumentar	[Área Irrigada/Área Total Agriculturável] *100
AR4	Área Agriculturável	Otimizar	[Área Agriculturável/Área Total] *100
AR5	Consumo de Fertilizantes	Otimizar	Consumo de Fertilizantes em Kg/Área Agriculturável em Hectares

Item	Indicadores – Administração Hospitalar (AH)		
	Objetivos		Interpretação
	Descrição	Tendência Favorável	
AH1	Ocupação	Aumentar	(Qtde. de Pacientes por Dia/ Qtde. de Leitos por dia) *100
AH2	Produtividade Hospitalar	Aumentar	(Qtde. de Internações por Ano * Tempo Médio de Permanência * Qtde. de Leitos Existentes por Ano)/ 365) *100
AH3	Colaboradores por Leito	Otimizar	(Qtde. de Colaboradores (Médicos, Cozinheiros, Pessoal da Limpeza etc.)/ Quantidade de Leitos em Operação)

500 Exemplos de Indicadores (a maioria comentada) ■ 107

AH4	Intervalo de Substituição	Diminuir	(Porcentagem de Desocupação * Tempo Médio de Permanência)/ (Porcentagem de Ocupação)
AH5	Mortalidade Hospitalar	Diminuir	(Qtde de Óbitos / Qtde de Saídas (Altas + Óbitos)) *100

Alguns casos chamam a atenção do público. Por exemplo, quando são noticiados na imprensa óbitos de recém-nascidos em UTI neonatal.

Indicadores AH6 e AH7 – Fonte: (37)

AH6	Leitos de Longa Permanência	Diminuir	(Qtde de Leitos de Longa Permanência/ Qtde Total de Leitos) *100 Onde Longa Permanência: Maior que 14 Dias de Internação

Um hospital de São Paulo desenvolveu um trabalho para melhorar o resultado deste indicador (37).

AH7	Tempo de Permanência	Diminuir	Soma dos Tempos de Permanência em um Período (Exemplo, Mês)/ Quantidade de Internados

Um hospital de São Paulo aumentou as admissões por mês em 41 admissões, devido à redução do tempo de permanência de 4,9 para 4,2 dias e considerando uma taxa média de ocupação de 80% (37).

Indicadores AH8 a AH20 – Fonte: (40)

AH8	Faturamento por Paciente Internado	Aumentar	Total de Faturamento em $/ Quantidade de Pacientes Internados
AH9	Faturamento por Paciente Ambulatorial	Aumentar	Total de Faturamento em $/ Quantidade de Pacientes Ambulatoriais
AH10	Faturamento por Tipo de Pagador	Aumentar	Faturamento por Tipo de Pagador

Tipos de pagadores: planos de saúde, particulares, doadores.

AH11	Leitos por Tipo de Leito	Otimizar	Quantidade de Leitos por Tipo de Leito

Tipos de leitos: tratamento intensivo, tratamento médico, tratamento cirúrgico, cuidado coronário, cuidado de longo prazo.			
AH12	Exames Laboratoriais por Paciente	Otimizar	Quantidade de Exames Laboratoriais Realizados/ Quantidade de Pacientes
AH13	Custo de Suprimentos por Paciente-Dia	Diminuir	Custo Total Com Suprimentos em $/ (Quantidade Total de Pacientes * Dias de Internação)
AH14	Impacto dos Erros	Diminuir	Quantidade do Impacto, por Tipo
Exemplos: quantidade de mortes, número de dias adicionais de internação para recuperação.			
AH15	Custo Médio por Tipo de Condição/ Procedimento	Diminuir	Soma dos Custos dos Tratamentos por uma Mesma Condição ou por um Mesmo Procedimento/ Quantidade de Tratamentos
AH16	Cobrança Média por Tipo de Condição/ Procedimento	Aumentar	Soma das Cobranças dos Tratamentos por uma Mesma Condição ou por um Mesmo Procedimento/ Quantidade de Tratamentos
AH17	Custo por Atividade	Diminuir	Total dos Custos em $ por Atividade Específica de Cada Departamento
Deve-se considerar: custo total e parcial do pessoal e dos suprimentos.			
AH18	Cesarianas	Diminuir	(Qtde de Partos por Cesariana/ Qtde Total de Partos) *100
AH19	Taxa de Sucesso	Aumentar	Taxa de Sucesso para Vários Procedimentos ou Condições
Exemplo, ataques cardíacos.			
AH20	Erros	Diminuir	Total de Erros, por Tipo de Erro
Exemplos: medicação errada, dosagem exagerada, erro no diagnóstico, erro no procedimento médico.			

Indicadores – Assistência Técnica (AT)

Item	Objetivos		Interpretação
	Descrição	Tendência Favorável	
AT1	Solução de Problemas Junto aos Clientes	Diminuir	Somatório dos Tempos de Solução dos Problemas em um Período/ Quantidade de Problemas Resolvidos No Período

Possuir um bem e não poder utilizá-lo, sem dúvida alguma, é muito frustrante. A velocidade na solução dos problemas que afetam os clientes é um elemento importante, principalmente nos dias de hoje, em que a sociedade parece estar *acelerada*. Sou a favor de disponibilizar outro produto ao cliente, enquanto aquele que lhe pertence não está em condições de uso. Este tipo de atitude pode minimizar a ansiedade do cliente em ver o seu problema resolvido.

AT2	Quantidade de Atendimentos	Otimizar	Somatório da Quantidade de Atendimentos/ Período de Tempo

Deve-se tomar cuidado com o resultado obtido deste indicador, pois sabemos que quantidade pode não representar qualidade.

AT3	Rechamadas	Diminuir	(Qtde. de Rechamadas em Função da Não Solução do Problema Original / Quantidade de Chamadas) *100

Indicador muito importante, uma vez que representa o insucesso da primeira intervenção. Deve-se investigar o porquê da reincidência.

AT4	Tempo Entre Contato e Visita	Diminuir	(Somatório dos Tempos entre Contato do Cliente e a Visita ao Mesmo/ Qtde. Total de Visitas Efetuadas)

Indicador interessante para se concluir se a estrutura da empresa é adequada para o nível de atendimento pretendido.

AT5	Chamadas em Garantia	Diminuir	(Qtde. de Chamadas em Garantia)/(Qtde. de Produtos em Garantia) *100

Uma etapa que as empresas não devem menosprezar é a validação de projetos e processos. O maior risco existe quando da introdução de alterações nas condições originais. Defeitos ou até falhas poderiam ser detectados em ensaios repetitivos em laboratórios de confiabilidade ou em uso controlado.

Item	Indicadores – Compras (CP)		
	Objetivos		Interpretação
	Descrição	Tendência Favorável	
CP1	Desempenho de Qualidade do Fornecedor	Aumentar	IQF – Índice da Qualidade do Fornecedor, Conforme Método Específico da Empresa
	O desempenho deve ser apurado por fornecedor. Pode-se calcular também por família de produtos e serviços, para comparação do desempenho de um fornecedor com a família à qual pertence. Deve-se informar o desempenho aos fornecedores, para que os mesmos possam validar o resultado informado ou contestá-lo. É boa prática solicitar a apresentação de um plano de ação para melhoria do desempenho		
CP2	Volume de Compras	Otimizar	(Compras (em $)/Faturamento (em $)) x 100
	Acredito que o acompanhamento deve ser feito, se possível, diariamente. Caso contrário, descobre-se tardiamente que o resultado do período foi negativamente impactado pelas compras. Outra questão importante é o prazo para recebimento e pagamento. Se não forem compatíveis (exemplo, 28 ddl), fica difícil uma comparação. Uma prática interessante é negociar um parcelamento de compras acima de um valor (por exemplo, R$ 5 mil), de tal forma que a(s) outra(s) parcela(s) vença(m) em mês(es) subsequente(s).		
CP3	Avaliação de Fornecedores	Aumentar	Média das Avaliações de Fornecedores (Através de Certificações, Auditorias nos Fornecedores etc.)
	Calcular também o indicador por família e geral. É importante que os fornecedores recebam os resultados de suas avaliações, para que possam confirmar ou não os resultados, e para que possam elaborar planos de ação.		
CP4	Tempo de Ciclo de Compra	Otimizar	Tempo de Ciclo Real (em Dias)/ Tempo de Ciclo Planejado (em Dias) *100 . Onde: Tempo de Ciclo Compreende desde a Emissão do Documento de Aquisição até a Liberação do Material para Uso.
	Calcular também por família de materiais.		
CP5	Entregas Pendentes de Fornecedores	Diminuir	(Total de Compras com Entregas Pendentes Atrasadas ($))/(Total de Compras ($)) *100

Muitas vezes, descobre-se que o saldo da entrega pode ser cancelado pois não fará falta à empresa. Isto pode ser interessante para se limpar a pendência do sistema de gestão da empresa.

É importante ficar atento a um detalhe: muitas vezes, a opção por um determinado fornecedor é feita em função de um prazo prometido mais curto em comparação com seus concorrentes. Quando o escolhido não entrega no prazo acordado, fica a dúvida se foi feita a melhor opção quando da escolha do fornecedor. Este tipo de histórico deve ser levado em conta em futuras necessidades de compra.

CP6	Quantidade de Fornecedores	Otimizar	Qtde. de Fornecedores

Deve-se calcular por produto, família e geral. Quanto maior o número de fornecedores, maior é a complexidade na gestão dos mesmos e maior pode ser a variabilidade nos processos que utilizam os produtos e os serviços adquiridos.

CP7	Pareto	Não Aplicável	% de Fornecedores que Representam 80% das Compras (Em R$)

Este tipo de levantamento pode ser interessante quando se pretende priorizar a implantação de algum novo programa ou processo junto à base de fornecedores.

CP8	Pedidos Modificados	Diminuir	(Pedidos Modificados/Pedidos Emitidos) *100

É importante que os pedidos modificados passem pelas mesmas etapas de análise crítica e aprovação dos pedidos originais. Isto em nome da boa governança corporativa.
Vale também lembrar que modificar os pedidos caracteriza um retrabalho. Deve se identificar as causas dessas modificações e tentar minimizá-las.

CP9	Compras Emergenciais	Diminuir	(Qtde. de Compras Emergenciais/ Qtde. de Compras) *100 ou (Total de Compras Emergenciais em R$/ Total de Compras em R$) *100

Compras emergenciais não devem se tornar rotineiras. Deve-se lembrar que as compras emergenciais podem ser motivadas por falhas na gestão. Não é incomum pagar mais caro pelas compras emergenciais, além de se gastar mais para a retirada do produto no fornecedor, utilizando-se recursos logísticos mais caros (transportadoras e *motoboys* contratados pela empresa).

CP10	Fornecedores Inativos	Otimizar	(Qtde. de Fornecedores que Não Forneceram no Período (Exemplo, 6 ou 12 Meses)/ (Qtde. de Fornecedores Cadastrados) *100

\multicolumn{4}{	l	}{É interessante analisar os casos de fornecedores que não estão mais fornecendo à empresa. O que ocorreu? Em alguns casos, a empresa fornecedora faliu ou foi adquirida por outro grupo de empresas, ou teve sérios problemas financeiros ou ainda, falhas no fornecimento à empresa compradora e foi punida com a suspensão dos negócios. Deve se decidir o que fazer: excluir a empresa do cadastro, ou buscar aproximação com a mesma para saber se os problemas do passado foram resolvidos. O fornecedor inativo pode se tornar uma boa opção de compra, novamente.}

CP11	Custos e Despesas por Pedido	Diminuir	(Total de Custos e Despesas nas Atividades Relacionadas à Emissão dos Pedidos em R$/ Qtde. de Pedidos Emitidos)
CP12	e-procurement	Aumentar	(Total de Fornecedores Habilitados em e-procurement/ Total de Fornecedores Cadastrados) *100

Os leilões eletrônicos estão sendo cada vez mais utilizados. Parte-se da premissa de que a qualidade dos produtos e serviços ofertados seja compatível. Acredito que a empresa automobilística tenha sido um exemplo de conhecimento da sua base de fornecedores. Ao longo dos anos, testemunhei inúmeras visitas dos clientes (montadoras) aos seus fornecedores. Em cada encontro, sem dúvida alguma, conheciam-se mais detalhes importantes de cada fornecedor. Somente quando se tem a certeza de que o risco associado a uma transação é o mesmo é que se pode comparar as condições de aquisição. Todos nós conhecemos aquela frase: o barato pode sair caro.

CP13	Negociação	Otimizar	(Preço Fechado no Pedido em R$/ Preço Solicitado Originalmente na Proposta em R$) *100

Deve se calcular por comprador, fornecedor, item, família. Deve se tomar muito cuidado. Muitas vezes o fornecedor concede descontos atraentes, mas a empresa compradora descobre depois o porquê de tanta flexibilidade, por exemplo, que os produtos ofertados não eram compatíveis. O risco é muito maior quando estamos falando em serviços.

CP14	ISO 14001	Aumentar	(Quantidade de Fornecedores Certificados ISO 14001/ Quantidade de Empresas) *100

A lógica é a seguinte: uma empresa certificada apresenta risco menor de interrupção no fornecimento, com impactos negativos para a empresa compradora e ao longo da cadeia produtiva.

Fonte: (14)

CP15	Fornecedores Locais	Aumentar	(Quantidade das Compras em $ Feitas Junto aos Fornecedores Locais/ Total em $ das Compras Feitas) *100
A lógica é diminuir as emissões ao ar devido o transporte feito por caminhões ou veículos à combustão. Além disso, fortalece-se a economia da região na qual está inserida a empresa compradora, trazendo benefícios mútuos.			
CP16	Critério Ambiental	Aumentar	(Qtde de Fornecedores Aprovados, Utilizando-se o Critério Ambiental/ Qtde de Fornecedores Aprovados) *100
CP17	Critérios Trabalhistas	Aumentar	(Qtde de Fornecedores Aprovados, Utilizando-se Critérios Relacionados às Práticas Trabalhistas/ Qtde de Fornecedores Aprovados) *100

Indicadores – Comunicação (CMU)			
Item	Objetivos		Interpretação
	Descrição	Tendência Favorável	
Fonte: (39)			
CMU1	Mensagens Disseminadas	Aumentar	Quantidade de Mensagens Disseminadas num Período
CMU2	Canais	Aumentar	Quantidade de Canais Usada para Disseminar as Mensagens
Exemplos: rádio, TV, *Websites*, brochuras, apresentações ao vivo etc..			
CMU3	Pessoas	Aumentar	Quantidade (estimada) de Pessoas que Receberam as Mensagens
CMU4	*Views*	Aumentar	Quantidade de *Views* dos Vídeos ou de Outras Mídias

114 ■ Indicadores de Desempenho: Desafios da Escolha e do Uso

Item	Indicadores – Contabilidade (CB)		
	Objetivos		**Interpretação**
	Descrição	Tendência Favorável	
CB1	Investimento	Otimizar	(Investimento (em $)/Faturamento (em $)) *100
	É mais comum se falar em investir uma parte do lucro. Porém, como sabemos que uma empresa pode não apresentar lucro em alguns dos meses de um período (por exemplo, ao longo de um ano), pode-se utilizar este indicador. O resultado pode dar um alerta à empresa, caso se descubra que o % investido é muito pouco e pode levar, no médio e longo prazos, à perda da competitividade, devido à obsolescência das máquinas, equipamentos e instalações. Cada empresa, em cada segmento, deve encontrar um equilíbrio entre o investimento e os seus resultados.		
CB2	Rentabilidade do Ativo	Aumentar	(Lucro Líquido (R$) /Ativo Médio (R$)) *100
CB3	Rentabilidade Do Patrimônio	Aumentar	(Lucro Líquido (R$) / Patrimônio Líquido Médio (R$)) *100
CB4	Liquidez Imediata	Otimizar	(Disponibilidade em $/ Passivo Circulante em $) *100
CB5	Liquidez Corrente	Otimizar	(Ativo Circulante em $ / Passivo Circulante em $) *100
CB6	Liquidez Seca	Otimizar	((Ativo Circulante em $-Estoques em $)/Passivo Circulante em $) *100
CB7	Liquidez Geral	Otimizar	((Ativo Circulante + Realizável em Longo Prazo)/ (Passivo Circulante + Exigível em Longo Prazo)) *100
CB8	Necessidade de Capital De Giro	Otimizar	Ativos Circulantes Operacionais em $ – Passivos Circulantes Operacionais em $
CB9	Saldo de Tesouraria	Otimizar	Ativos Circulantes Financeiros
CB10	Capital de Giro Líquido	Otimizar	Ativo Circulante em $- Passivo Circulante em $ ou Necessidade de Capital de Giro em $ + Saldo de Tesouraria em $

CB11	Endividamento	Otimizar	(Passivo Circulante em $ + Exigível de Longo Prazo em $)/ (Patrimônio Líquido em $) * 100
CB12	Endividamento Oneroso	Diminuir	(Recursos Onerosos em $)/ (Passivo Circulante em $ + Exigível de Longo Prazo em $) *100
CB13	Imobilização	Otimizar	(Ativo Permanente em $/Patrimônio Líquido em $)
CB14	EVA – Valor Econômico Agregado	Aumentar	Lucro Líquido em $ – Custo de Oportunidade do Capital Empregado em $
CB15	Valor Agregado Bruto	Aumentar	Vendas – Matérias-Primas Utilizadas, Outros Materiais, Serviços Necessários para Produzir os Produtos
CB16	Valor Agregado Líquido	Aumentar	Valor Agregado Bruto – Depreciação (Consumo dos Bens de Capital Duráveis)

	Indicadores – Construção Civil (CV)		
Item	Objetivos		Interpretação
	Descrição	Tendência Favorável	
CV1	Tempo de Construção	Atender 100%	((Tempo Efetivo – Tempo Previsto)/ (Tempo Previsto)) *100
	O importante aqui é atender o planejamento feito. Concluir uma obra em tempo mais curto pode fazer com que a qualidade da obra seja sacrificada ou que os custos sejam elevados. Porém, demorar a concluir a obra pode fazer com que os compradores se sintam lesados e, procurem os seus direitos na justiça. Quanto mais se pratica o planejamento, mais se acerta.		
CV2	Tempo de Construção de Modificações Solicitadas pelo Cliente	Diminuir	((Tempo Efetivo – Tempo Previsto)/ (Tempo Previsto)) *100
CV3	Tempo para Corrigir Defeitos	Diminuir	(Tempo Necessário para Corrigir os Defeitos Apontados pelo Cliente) Durante o Período Contratual de Garantia
	Os custos da não-qualidade podem consumir um bom pedaço do lucro. Os sistemas de gestão estão sendo utilizados também em obras, o que tende a diminuir o número de defeitos.		

CV4	Custo de Construção	Atender 100%	((Custo Efetivo − Custo Previsto)/ (Custo Previsto)) *100
CV5	Custo de Construção de Modificações Solicitadas pelo Cliente	Diminuir	((Custo Efetivo − Custo Previsto)/ (Custo Previsto)) *100
CV6	Custo para Corrigir Defeitos	Diminuir	(Custo Necessário para Corrigir os Defeitos Apontados pelo Cliente) Durante o Período Contratual de Garantia
CV7	Questões Pendentes de Qualidade − na Entrega do Imóvel	Diminuir	Quantidade de Questões Pendentes de Qualidade

Uma inspeção final, prévia, sem a participação do comprador, pode revelar os defeitos que necessitam ser corrigidos. Casos menos graves podem ser corrigidos antes da verificação pelo comprador, evitando-se desgastes. Por que deixar para o comprador detectar esses defeitos? O uso de *checklists* é uma boa prática. Os critérios de aceitação não podem ser subjetivos.

CV8	Questões Pendentes de Qualidade − ao Final do Período de Garantia Contratual	Diminuir	Quantidade de Questões Pendentes de Qualidade

Na verdade, estas pendências não deveriam existir. Quando elas existem, normalmente é em função de uma discordância de opiniões entre o comprador e a construtora, o que leva a solução do impasse ser geralmente obtida na justiça.

CV9	Pedidos de Modificações pelos Clientes	Não Aplicável	Quantidade de Pedidos de Modificações pelos Clientes Durante a Construção

Uma boa prática é a de limitar o número e a natureza das solicitações de modificações que possam ser feitas pelos clientes. Caso contrário, essa customização pode afetar o prazo de entrega de todo o empreendimento.

CV10	Fatalidades	Diminuir	Quantidade de Fatalidades a Cada 1.000.000 de Horas Trabalhadas

A aplicação dos requisitos de normas de gestão (OSHAS, ISO 18001) nas obras tende a reduzir os acidentes.

CV11	Acidentes	Diminuir	Quantidade de Acidentes a Cada 1.000.000 de Horas Trabalhadas

Quando se calcula desta forma, o resultado é comparável ao longo do tempo. Além da prevenção de acidentes, é importante que as causas dos acidentes sejam investigadas e ações corretivas sejam tomadas, para evitar novas ocorrências.

500 Exemplos de Indicadores (a maioria comentada) ■ 117

Item	Indicadores – Contact Center (CC)		Interpretação
	Objetivos		
	Descrição	Tendência Favorável	
CC1	Atendimento em até x Segundos	Aumentar	(Qtde. de Chamadas Atendidas em x Segundos/Qtde. Total de Chamadas) *100
	Não adianta se atender rapidamente e depois solicitar ao cliente que aguarde. Todos nós, clientes, de maneira geral estamos sendo muito mal atendidos, no dia a dia. Infelizmente, novas legislações não têm sido suficientes para a melhoria da qualidade no atendimento.		
CC2	Tom Ocupado	Diminuir	(Qtde. de Chamadas com Tom de Ocupado/ Qtde. Total de Chamadas) *100
	É inadmissível ocorrer tom ocupado. A infraestrutura desempenha um papel fundamental nessa questão.		
CC3	Resoluções na Primeira Chamada	Aumentar	(Qtde. de Chamadas Resolvidas no Primeiro Contato / Qtde. Total de Chamadas) *100
	Indicador muito importante para medir a eficácia do atendimento. Sem dúvida alguma, uma coisa que deixa o cliente satisfeito é ter o seu assunto (ou problema) resolvido o mais rápido possível e, de preferência, na primeira chamada.		
CC4	Taxa de Aderência	Aumentar	(Qtde. de Operadores que Estavam no Atendimento / Qtde. Planejada de Operadores) *100
CC5	Tempo das Chamadas Abandonadas antes do Atendimento	Diminuir	(Total em Segundos das Chamadas Abandonadas antes do Atendimento/ Qtde. de Chamadas Abandonadas) (Segundos)
CC6	Tempo Médio de Atendimento	Otimizar	(Total em Segundos das Chamadas Atendidas/ Qtde. de Chamadas Atendidas) (Segundos)
	Deve-se tomar cuidado para que a produtividade não afete a qualidade do atendimento. Os atendimentos devem ser personalizados, e não mecanizados. Obviamente, cada cliente tem um ritmo para se comunicar e entender as informações prestadas.		
CC7	Tempo Médio de Fila	Diminuir	(Total em Segundos das Chamadas em Fila / Qtde. de Chamadas em Fila) (Segundos)

Independente de metas estabelecidas pela legislação, a espera em fila para atendimento pode irritar qualquer pessoa. Não faz sentido atender rapidamente a pessoa, para deixá-la em uma fila ao telefone, esperando.

CC8	Tempo Médio de Trabalho após o Atendimento	Otimizar	(Total em Segundos Consumidos após os Atendimentos/ Qtde. de Atendimentos) (Segundos)
CC9	Total de Chamadas Recebidas ou Efetuadas por Operador	Otimizar	(Total de Chamadas Recebidas ou Efetuadas/ Qtde. de Operadores)

Deve-se calcular por turno e geral.

Indicadores – Educação (EDU)			
Item	Objetivos		Interpretação
	Descrição	Tendência Favorável	
EDU1	Matriculados	Aumentar	Número de Matriculados em Determinado Curso/Ano
EDU2	Formandos	Aumentar	Número de Formandos por Curso/Ano
EDU3	Retenção	Aumentar	(Qtde de Formandos/ Qtde de Matriculados no Início da Turma) *100

Este indicador é muito amplo, quando se pensa num curso de quatro anos de duração, por exemplo. Quando me formei na graduação, éramos duas turmas. Quando começamos o curso, minha sala era a turma H. Ou seja, éramos ao menos oito turmas. Muita coisa acontece na vida das pessoas em quatro anos. Acredito que o importante é a entidade saber qual o motivo da saída de cada aluno e o que ela pode fazer para evitar que isto ocorra. Defendo a ideia de uma entrevista individual, presencial, para se obter esta informação.

EDU4	Colocação Profissional I	Aumentar	(Qtde de Formandos Colocados Profissionalmente na Formatura/ Qtde de Formandos) *100
EDU5	Colocação Profissional II	Aumentar	(Qtde de Formandos Colocados Profissionalmente até 6 Meses após a Formatura/ Qtde de Formandos) *100

500 Exemplos de Indicadores (a maioria comentada) ■ 119

Estes dois últimos indicadores podem ser distorcidos pela falta de uma informação. Acredito que seria mais interessante complementar o resultado com uma indicação se a pessoa já atuava na área do curso, antes de iniciá-lo. Caso contrário, pode dar uma falsa impressão de que o curso proporcionou a inclusão da pessoa na área profissional.

| EDU6 | Alunos/Professor | Diminuir | Qtde de Alunos/Qtde de Professores |

Só quem leciona sabe da importância de grupos mais reduzidos na condução de uma boa aula. Acredito que seja estabelecida uma relação mais íntima entre o professor e os alunos, na qual o professor perceba qual a necessidade real de cada aluno nos temas abordados. Outra questão é a possibilidade de participação de cada aluno, com comentários, relatos. Sabemos que existe um impacto nos resultados financeiros da entidade esta relação da quantidade de alunos por professor.

| EDU7 | Diversidade dos Professores | Otimizar | (Qtde de Professores de um Determinado Sexo/ Qtde Total de Professores) *100 |

Participo de conversas entre professores, na sala dos professores, antes do início da aula, na instituição na qual leciono. Fica nítida a diferença de ideias entre homens e mulheres e ao mesmo tempo, a coincidência entre um mesmo gênero. Com certeza, a diversidade é importante. Isso deve ser perseguido pelos coordenadores, quando vagas para novos docentes são abertas.

| EDU8 | Diversidade dos Alunos | Otimizar | (Qtde de Alunos de um Determinado Sexo (ou Origem)/ Qtde Total de Alunos) *100 |
| EDU9 | Competitividade dos Salários dos Professores | Aumentar | (Média dos Salários da Entidade/ Média dos Salários de Outras Entidades Comparáveis) *100 |

Salário, aqui, poderia ser entendido como remuneração total, que inclui os salários + remuneração variável + benefícios.

| EDU10 | Pesquisas Patrocinadas | Aumentar | Total em $ em Pesquisas Patrocinadas por Ano |

Deve haver uma aproximação entre as instituições de ensino e as empresas, para que este indicador tenha um bom resultado. As empresas precisam resolver uma série de problemas e dificuldades e as instituições de ensino podem colaborar para a solução dos mesmos.

| EDU11 | Educação Online | Não Aplicável | (Qtde de Horas de Educação Online/ Qtde de Horas de Educação) *100 por Aluno, em Média, por Ano |

Defendo a ideia de que deva existir um equilíbrio entre aulas presencias, à distância, em laboratórios, em bibliotecas, fora da escola (visitas às empresas, às outras entidades), autoestudo, entre outros.
O que mais impressiona, negativamente, é o resultado de uma pesquisa feita nos EUA sobre a *dedicação* dos alunos das universidades norte-americanas: os alunos dedicam, em média, 9% do tempo para estudar, contra 51% do tempo para socialização, recreação, entre outras atividades. Dessa forma, a grande questão passa a ser não só o método utilizado, mas se com esta carga horária é possível obter bons resultados, após a conclusão dos cursos.
O uso real da educação é a criação de novos hábitos. *Online* ou não, me parece um desafio bastante grande (35).

Fonte: (44)

EDU12	Tempo Gasto para se Formar	Otimizar	Soma do Tempo que os Alunos Levaram para se Formar/ Quantidade de Alunos Formados
EDU13	Gasto para se Formar	Otimizar	Soma dos Gastos dos Alunos com a Graduação/ Quantidade de Alunos Formados
EDU14	Estudantes por Gênero	Aproximar	Qtde de Estudantes por Gênero para Cada 100.000 Habitantes
EDU15	Administração	Otimizar	Qtde de Estudantes/ Qtde de Profissionais Administrativos
Este é um indicador interessante para se medir a eficiência das áreas administrativas. Em geral, os alunos que conheço reclamam muito quando precisam do atendimento de uma das áreas administrativas das escolas. O serviço é considerado demorado e caro.			
EDU16	*Ranking*	Aumentar	Posição da Instituição E/ Ou Curso no *Ranking* Estadual, Nacional, Internacional
Considero bastante interessante estar posicionado num patamar elevado num *ranking* e explorar esta informação em campanhas publicitárias e de *marketing*. Essas entidades acabam atraindo bons professores e outros profissionais, o que leva a um impacto na qualidade do ensino da instituição.			
EDU17	Estrangeiros	Otimizar	(Qtde de Estudantes Estrangeiros/ Qtde Total de Estudantes) *100
EDU18	Empregados	Aumentar	(Qtde de Graduados há três Anos que estão Empregados/ Qtde de Graduados há três Anos) *100

500 Exemplos de Indicadores (a maioria comentada) ■ 121

EDU19	Evasão	Diminuir	(Qtde de Jovens que Deixam a Educação Superior sem uma Qualificação/ Qtde de Jovens Matriculados) *100
EDU20	Biblioteca	Aumentar	Disponibilidade Semanal de Assentos na Biblioteca

Deve-se estimular o uso da biblioteca, para consultas físicas e *online*.

EDU21	Produção Científica	Aumentar	Qtde de Artigos Publicados + Qtde de Pesquisas Concluídas

Por departamento da instituição.

EDU22	Instalações	Aumentar	Taxa de Utilização das Instalações, em % do Tempo Disponível

Este é um indicador interessante de eficiência. Se a instituição optou por investir em certas instalações, havia uma utilização prevista para as mesmas. Se elas acabam não sendo utilizadas, o que ocorreu? Previsão inicial errada ou inadequação das instalações, ou falta de divulgação?

EDU23	Campos de Estudo	Otimizar	Distribuição de Graduados por Campo de Estudo
EDU24	Parcerias	Aumentar	Parcerias com Universidades Estrangeiras

Faz todo o sentido se firmar parcerias com instituições estrangeiras, proporcionando intercâmbios de professores e alunos.

EDU25	Flexibilidade de Currículo	Aumentar	Qtde de Matérias Eletivas/ Qtde de Matérias Obrigatórias

Calcular por curso. Muito interessante, permitindo que os alunos montem as suas grades, com a maior liberdade possível.

EDU26	Custos Relativos	Otimizar	(Soma dos Custos Operacionais Administrativos/ Soma dos Custos Operacionais Acadêmicos) *100

As instituições precisam se lembrar de qual é a atividade fim das mesmas e canalizar o maior volume de recursos para as atividades acadêmicas.

EDU27	Ativos	Aumentar	Total dos Ativos em $/ Total dos Passivos em $

EDU28	Manutenção	Otimizar	Custos de Manutenção, de Utilidades e Serviços em $/ Total da Área em M2
EDU29	Alunos Satisfeitos	Aumentar	(Qtde de Alunos Satisfeitos com o seu Curso/ Qtde Total de Alunos do Curso) *100
Devem-se levar em conta os comentários registrados pelos alunos e apurar os fatos. Muitas vezes, a insatisfação tem a ver com as expectativas muito elevadas que foram criadas na divulgação do curso, através de campanhas publicitárias ou em entrevistas de admissão.			
EDU30	Prêmios	Aumentar	Qtde de Alunos Recebendo Prêmios Nacionais e Internacionais
EDU31	Candidatos por Vaga	Otimizar	Qtde de Candidatos/ Qtde de Vagas
Calcular por curso e total, para cada turno.			
EDU32	Percepção dos Empregadores	Aumentar	Índice de Percepção dos Empregadores sobre a Qualidade dos Graduados
Indicador muito interessante. Quando possível, deve-se consultar o RH das empresas e os responsáveis diretos pelos profissionais contratados (encarregados, supervisores, gerentes).			
EDU33	Experiência em Pesquisa	Aumentar	(Qtde de Pessoal Experiente em Pesquisa/ Qtde Total de Pessoal em Pesquisa) *100
Calcular para as experiências, em anos: maior que 20 anos, entre 10 e 20 anos e menor que 10 anos.			
EDU34	Receita com Consultoria	Otimizar	Total de Receitas em $ Com Consultoria
Uma receita mais alta demonstra a credibilidade que goza a instituição junto ao mercado. A aproximação das empresas com as instituições de ensino é muito interessante, pois pode revelar o que o mercado precisa em termos de grade curricular.			
EDU35	Receita com Treinamento	Otimizar	Total de Receitas em $ com Treinamentos
Uma receita mais alta demonstra a credibilidade que goza a instituição junto ao mercado. A aproximação das empresas com as instituições de ensino é muito interessante, pois pode revelar o que o mercado precisa em termos de grade curricular.			
EDU36	PISA	Aumentar	Desempenho no PISA
Alunos com 15 anos de idade, por gênero, em: leitura, matemática, ciências.			

EDU37	MST (Matemática, Ciências e Tecnologia) I	Aumentar	(Qtde de Matriculados em MST/ Qtde de Total de Matriculados) *100
EDU38	MST (Matemática, Ciências e Tecnologia) II	Aumentar	Qtde de Matriculados em MST/ 1.000 Habitantes
Calcular também EDU37 e EDU38 para graduados.			
EDU39	Línguas Estrangeiras – I	Aumentar	Qtde de Línguas Estrangeiras Aprendidas por Aluno
Sabemos que o conhecimento de uma nova língua estrangeira abre uma porta cultural para a pessoa. Saber bem o português e o inglês deve ser obrigação. O conhecimento de mais uma língua estrangeira, ao menos, pode aumentar a empregabilidade do aluno.			
EDU40	Línguas Estrangeiras – II	Aumentar	Distribuição de Alunos pelo Número de Línguas Estrangeiras Aprendidas

Indicadores – Engenharia (ENG)

Item	Objetivos		Interpretação
	Descrição	Tendência Favorável	
ENG1	Amostras Submetidas no Prazo	Aumentar	(Quantidade de Amostras Submetidas no Prazo/ Quantidade de Amostras Submetidas) x 100
Na indústria automobilística, novos produtos ou modificados requerem a submissão de amostras iniciais para validação interna e pelo cliente. Existe uma metodologia chamada PPAP (processo de aprovação de peças de produção), com várias etapas, registros e documentos obrigatórios. Tudo isso requer planejamento e disciplina na execução, para que o prazo acordado com o cliente, para a apresentação das amostras, seja obedecido.			
ENG2	Amostras Aprovadas na Primeira Submissão	Aumentar	(Quantidade de Amostras Aprovadas na Primeira Submissão/ Quantidade de Amostras Aprovadas) X 100
O resultado deste indicador deveria ser 100%, sempre, pois a validação interna (no fornecedor e pelo fornecedor) é obrigatória, antes da submissão das amostras e da documentação ao cliente. Práticas como *enviar para ver se passa* já não são aceitas há muito tempo, não é?			

ENG3	Tempo de Desenvolvimento	Otimizar	Somatório dos Dias de Desenvolvimento de Novos Produtos/ Quantidade de Desenvolvimentos
Deve ser calculado por família de produtos, levando-se em consideração a complexidade das mesmas.			
ENG4	Investimento em Desenvolvimento	Otimizar	(Total (em $) Investido em Desenvolvimento/ Faturamento (em $)) *100
Ao menos, o desenvolvimento de novos processos é fundamental para a sobrevivência da empresa. Muitas empresas não possuem produtos próprios.			
ENG5	Custo do Projeto	Otimizar	(Custo Efetivo do Projeto em $/ Custo Planejado do Projeto em $) *100
Com as técnicas disponíveis para gerenciamento de projetos, fica mais provável obter um resultado satisfatório para este indicador.			
ENG6	Capacidade de Inovação	Otimizar	(Gastos com Pesquisa e Desenvolvimento ($) / Faturamento($) *100
Exemplos ENG7 ao ENG13, conforme Gibson (30)			
ENG7	Ideias	Aumentar	Quantidade de Ideias que Entram no *Pipeline* de Inovação a Cada *n* Meses (Três, Por Exemplo)
A empresa deve ter uma cultura de valorizar todo tipo de ideia, da mais simples à mais sofisticada e demonstrar isso claramente para todos.			
ENG8	Ideias – Conversão	Aumentar	(Quantidade de Ideias que se Tornam Experimentos/ Quantidade Total de Ideias) *100
ENG9	Ideias – Tempo de Conversão	Diminuir	Tempo Médio para as Ideias Avançarem da Submissão do Protótipo para o Lançamento Comercial
ENG10	Tempo de Engenharia em Inovações	Aumentar	(Tempo Empregado por Engenheiros em Programas Realmente Inovadores)/ (Tempo Trabalhado pelos Engenheiros) *100

500 Exemplos de Indicadores (a maioria comentada) ■ 125

ENG11	% do Orçamento Dedicado à Inovação	Aumentar	(Parte do Orçamento Dedicado à Inovação em $/ Total do Orçamento em $) *100
ENG12	% do Pessoal Envolvido em Projetos de Inovação	Aumentar	(Quantidade de Pessoas Envolvidas em Projetos de Inovação/ Quantidade Total de Pessoas na Empresa) *100
ENG13	% do Tempo Utilizado pelos Executivos em Orientar (*Mentoring*) Times em Projetos de Inovação	Aumentar	(Tempo Utilizado pelos Executivos em Orientar (*Mentoring*) Times em Projetos de Inovação/ Tempo de Trabalho em Geral) *100

Indicadores – Faturamento (FT)

Item	Objetivos		Interpretação
	Descrição	Tendência Favorável	
FT1	Valor Agregado por Item	Aumentar	Faturado Líquido (em $)/ Quantidade de Peças Faturadas

Utilizei, em uma empresa que gerenciei, este indicador. A intenção era monitorar se, com o passar do tempo, conquistávamos negócios com maior valor agregado. Acontecia também de alguns itens serem descontinuados pelos clientes ou transferidos para outros fornecedores (não eram produtos próprios). Deve-se calcular por família de produtos e geral.

FT2	Faturamento por Região	Aumentar	Faturamento em $ por Região ou por Área Definida pela Empresa

O indicador pode ser útil para se avaliar, além da penetração em uma região, os resultados obtidos a partir dos esforços feitos na mesma.

FT3	Faturamento por Representante ou por Distribuidor	Aumentar	Faturamento em $ por Representante ou por Distribuidor

O indicador pode ser útil para se avaliar o desempenho dos parceiros na região. Pode-se redefinir os termos das relações estabelecidas, em função dos resultados obtidos.

FT4	Faturamento por Segmento de Mercado	Aumentar	Faturamento em $ por Segmento de Mercado
FT5	Faturamento por Canal	Aumentar	Faturamento em $ por Venda Direta, por Distribuição, Representantes etc.

Pode-se identificar a necessidade de maior investimento em determinado canal de venda.

	Indicadores – Financeiro (FI)		
ITEM	Objetivos		Interpretação
	Descrição	Tendência Favorável	
FI1	Faturamento Descontado Antecipadamente	Diminuir	(Somatório das Duplicatas Descontadas Antecipadamente) (em $) / Faturamento (em $) * 100

Tendo em vista a taxa de desconto antecipado, boa parte do lucro da empresa pode estar sendo gasta somente para se obter os recursos antecipadamente. Esta situação não pode perdurar por muito tempo. Deve-se identificar o porquê de estarem ocorrendo os descontos e minimizá-los.

FI2	Juros	Diminuir	(Juros Pagos (em $)/ Faturamento (em $)) *100

Deve-se buscar contrair empréstimos a juros mais baixos, através de bancos do governo e linhas de crédito especiais.

FI3	Multas por Atraso na Entrega	Diminuir	(Multas por Atraso na Entrega (em $)/ Faturamento (em $)) *100

Pagar a multa não resolve o problema. Deve-se elaborar e implementar um plano de ação para a melhoria do desempenho de entrega. Conheço muitas empresas (clientes) que não querem ganhar dinheiro com a cobrança de multas. O que elas gostariam é de serem atendidas conforme contratado.

FI4	Inadimplência	Diminuir	(Somatório dos Débitos em Atraso)/ (Somatório das Vendas Líquidas) *100

Deve-se calcular por cliente, por vendedor. Deve-se analisar o porquê da ocorrência da inadimplência. As análises de risco não estão sendo feitas adequadamente?

FI5	Capital de Trabalho	Diminuir	((Inventário Total + Contas a Receber)- Contas a Pagar)/ (Vendas Líquidas) *100
FI6	Gastos Fixos	Diminuir	(Custos Fixos + Despesas Fixas em $)/ (Faturamento Em $) *100

Devem-se reduzir, sempre que possível, os gastos fixos. Eles representam o total de dinheiro necessário para se abrir a porta do negócio a cada início de mês, sem produzir uma única unidade. As empresas que fazem um levantamento desses gastos pela primeira vez se assustam ao descobrir quantos dias de faturamento são necessários para cobrir somente os gastos fixos.

FI7	Prazo de Recebimento	Diminuir	(Prazo 1 + Prazo 2 + ... + Prazo N)/ N

Precisa haver um equilíbrio entre os prazos de recebimento e de pagamento. Muitas empresas pagam os seus materiais enquanto os mesmos se encontram estocados, aguardando o uso. Outras empresas recebem dos seus clientes, sem terem pagado ainda seus fornecedores. Qual é a melhor opção? Cada empresa precisa encontrar o seu modelo. Em geral, os fornecedores dão descontos para pagamentos antecipados e os clientes buscam pagar com prazos mais longos. É claro que o dinheiro tem valor ao longo do tempo.

FI8	Orçamentos	Otimizar	(Orçamento Realizado em $/ Orçamento Projetado em $) *100

Calcular por centro de custo e geral.

FI9	Previsibilidade de Caixa	Otimizar	(Desembolso Real/ Desembolso Projetado) * 100

Quando o resultado deste indicador for muito grande, deve-se buscar entender o porquê da diferença entre o que se projetou e o real. As previsões, com o tempo, podem se tornar cada vez mais precisas, mas para isso é necessária a dedicação dos envolvidos.

FI10	Capital de Giro	Otimizar	Ativo Circulante (em R$) – Passivo Circulante (R$)
FI11	Gastos de Viagem por Colaborador	Otimizar	Total de Gastos com Viagens em R$/ Quantidade de Colaboradores que Viajaram

Pode parecer estranho que estejamos sugerindo que o objetivo seja o de otimizar e não o de diminuir. Às vezes, durante uma viagem, buscam-se certas economias *irritantes*. Alugar um carro sem condicionador de ar pode causar um desgaste ao viajante que pode influenciar no seu desempenho no destino final. Outras economias questionáveis: colocar dois colegas num quarto pode causar certos constrangimentos não pensados inicialmente, ainda mais quando um dos ocupantes ronca e o outro colega tem dificuldade para dormir. Viagens a trabalho não são de turismo, mas deve se tomar cuidado com os exageros. Ninguém aqui está sugerindo viagens aéreas de primeira classe ou quartos em hotéis cinco estrelas, mas tudo tem um limite, não é?

FI12	Tempo de Ciclo para se Corrigir Erros em Fatura	Diminuir	Soma dos Tempos para se Corrigir Erros em Faturas/ Qtde de Faturas com Erros
Erros devem ser rapidamente corrigidos, ainda mais quando impactam o cliente.			
FI13	Relatórios Financeiros Emitidos no Prazo	Aumentar	(Qtde de Relatórios Financeiros Emitidos no Prazo/ Relatórios Emitidos) *100
Defendo a ideia dos departamentos financeiro, contábil, de pessoal, entre outros, fazerem parte do sistema de gestão da empresa, e portanto serem passíveis de controles, de indicadores, auditorias etc. Muitas vezes as áreas de produção, logística e outras, são bastante exigidas e outras áreas administrativas parecem estar na Disneylândia (em férias).			
FI14	Tempo para Reembolso de Despesas	Diminuir	(Soma dos Tempos para Reembolso de Despesas/ Qtde de Reembolsos)
Empregado geralmente não é acionista ou sócio da empresa. Então os reembolsos devem ser feitos o mais rápido possível.			

Item	Indicadores – Gerência (GE)		
	Objetivos		Interpretação
	Descrição	Tendência Favorável	
GE1	Faturamento por Colaborador	Aumentar	Faturamento (em $)/ Nº de Colaboradores
O indicador pode sofrer influência do número de dias de faturamento no mês, bem como do maior ou menor valor agregado dos produtos faturados no período. A produtividade aumentou nos EUA, para se produzir a mesma quantidade (28): — 40 horas semanais em 1950 —11 horas semanais em 2014			
GE2	Lucro	Aumentar	(Lucro Líquido ($)/ Faturamento Líquido($)) X 100
O lucro é a melhor forma de se medir se a empresa é ou não a melhor. Não se deve ter vergonha de perseguir o lucro. O lucro é o resultado do valor que os clientes dão para os produtos e serviços fornecidos pela empresa e da forma eficaz como ela se organiza para atender os clientes (26). Das 50 maiores empresas pela revista Fortune em 1970, somente 13 permaneceram na lista em 2011 (38). Percebe-se aí, a dificuldade de se manter competitivo num ambiente de negócios tão moderno e dinâmico. Vale lembrar que hoje, algumas empresas da Internet valem mais que outras de capital intensivo.			

GE3	Faturamento por Hora Paga	Aumentar	Faturamento (em $)/ Total de Horas Pagas

Este é um dos meus indicadores preferidos. Ele mede a relação custo x benefício da mão de obra de uma maneira muito interessante. O risco de se utilizar este indicador é que o resultado é impactado pela carteira de pedidos (produtos de maior ou menor valor agregado).

GE4	Margem de Contribuição	Aumentar	Margem de Contribuição por Produto ou por Família de Produtos

Conceito utilizado no custeio variável (não por absorção, que utiliza o famoso mapa RKW).

GE5	Metas Atingidas	Aumentar	(Qtde. De Metas Atingidas/ Total De Metas) *100

Vale lembrar que tão importante quanto bater metas, é saber qual o comportamento que o desafio motivou. Estamos falando aqui de ética e de comportamento adequado em relação aos valores da empresa e à própria legislação.

GE6	Autuações	Diminuir	(Total Pago em Autuações em $/ Faturamento em $) *100

Deve-se analisar se a sistemática de identificação e atendimento aos dispositivos legais está funcionando ou não. É necessário analisar se a empresa acreditava que estava atendendo a legislação ou se havia algum risco conhecido de autuação.

GE7	Variação do Faturamento	Otimizar	((Faturamento no Momento 2)/ (Faturamento no Momento 1))-1) *100
GE8	Projetos Implantados	Aumentar	(Quantidade de Projetos Implementados/ Quantidade de Projetos Aprovados) *100

Claro que uma crise econômica pode fazer com que a empresa revise e reveja os seus projetos previamente aprovados. Mas uma vez que a revisão esteja concluída, é uma questão de competência gerencial concluí-los. O gerenciamento de projetos tem sido um dos assuntos mais divulgados no mercado, e por entidades de ensino, com cursos de MBA, pós-graduação e certificações de profissionais.

GE9	Investimento por Projeto	Otimizar	(Somatório dos Investimentos nos Projetos em $)/ (Quantidade de Projetos)
GE10	Margem Líquida	Aumentar	(Lucro Líquido em $/ Vendas Líquidas em $) *100
GE11	EBITDA	Aumentar	Earnings Before Interest, Taxes, Depreciation and Amortization: Lucros Antes de Juros, Impostos, Depreciação e Amortização

	Este é um dos indicadores mais utilizados no mundo para se medir o desempenho das empresas.
GE12	Desempenho de Custo do Projeto (CPI)	Otimizar	CPI = (Quantia Orçada para o Trabalho Realizado no Período em $ / Quantia Efetivamente Desembolsada para o Trabalho Realizado no Período) *100
GE13	Taxa Interna de Retorno de um Projeto (TIR)	Aumentar	VPL = 0 = Investimento Inicial + Somatório De T=1 Até N (FT/ (1+TIR)^T) Onde VPL = Valor Presente Líquido, em $
	Indicador bastante utilizado para se decidir quanto à viabilidade ou não de um projeto.
GE14	Inovação	Otimizar	[Total Investido em Inovação em R$/ Total Faturado em R$]*100
	Especialistas afirmam que a inovação tem uma relação direta com a agregação de valor ao negócio e esta, com a lucratividade. Então podemos concluir que a inovação tem uma relação direta com a própria sobrevivência da empresa.
GE15	Aderência Orçamentária	Otimizar	[Realizado em R$/ Orçado em R$] * 100
	Calcular por centro de custo e total. Tem que se tomar todo o cuidado para que o orçamento não se torne uma autorização/ licença para gastar. É importante, antes de se gastar, reanalisar a necessidade.
GE16	Tempo de Retorno do Investimento em Ações [Em Anos]	Diminuir	Preço da Ação em R$/ Lucro (Anual) em R$ Por Ação
GE17	Preço da Ação/Valor Patrimonial	Aumentar	Preço da Ação em R$/ Valor Patrimonial (Em R$) por Ação
GE18	Preço da Ação/ EBITDA Por Ação	Aumentar	Preço da Ação (Em R$)/ EBITDA por Ação (Em R$)
GE19	Preço da Ação/ Receita Líquida por Ação	Aumentar	Preço da Ação (em R$)/ Receita Líquida por Ação (Em R$)

GE20	Preço da Ação/ Ativos Totais por Ação	Aumentar	Preço da Ação (Em R$)/Ativos Totais por Ação (Em R$)
GE21	Dividendo Pago	Otimizar	Dividendo Pago por Ação (Em R$)/ Preço da Ação (Em R$)

Nem toda empresa tem a política de pagar dividendos. Existem investidores que procuram por oportunidades no mercado acionário justamente naquelas empresas que pagam os dividendos, anualmente.

GE22	Giro de Ativos	Aumentar	Receita Líquida (em R$)/Ativos Totais (em R$)
GE23	Valor de Mercado (Em R$)	Aumentar	Valor das Ações (em R$) x Quantidade de Ações

Para as empresas listadas, é uma forma de se calcular o valor de mercado destas empresas. Com o tempo, quando um grupo pretende adquirir X% das ações de uma empresa e está disposta a pagar Y$, o mercado se agita e corre para afirmar que a empresa vale então Y$/X%, baseando-se nesse provável negócio anunciado.

GE24	Valor da Firma (em R$)	Aumentar	Valor de Mercado + Dívida Líquida
GE25	Valor Patrimonial por Ação	Aumentar	Valor do Patrimônio Líquido (em R$)/ Número Total de Ações
GE26	Infraestrutura	Otimizar	(Investimento em Infraestrutura em R$/ Valor Patrimonial em R$) *100
GE27	Agregação de Valor (AV)	Aumentar	(Qtde. de Etapas que Agregam Valor)/ (Qtde. Total de Etapas) *100

Este é um indicador utilizado em estudos de pensamento enxuto (*lean thinking*), quando se mapeia o fluxo de valor. Deve-se eliminar, sempre que possível, as etapas que não agregam valor ao negócio.

GE28	Eficiência do Ciclo de Processo (PCE)	Aumentar	(Tempo Relativo às Atividades que Agregam Valor)/ (Tempo Total do Processo em Análise) *100
GE29	Investimentos em Equipamentos	Otimizar	(Investimentos em Equipamentos em $/ Depreciação em $) *100

\multicolumn{4}{l}{Este indicador é importante para medir se os investimentos em equipamentos estão sendo suficientes para se evitar a obsolescência.}
GE30	Contribuição para Partidos Políticos	Otimizar	(Soma das Contribuições para Partidos Políticos em $/ Faturamento em $) *100
\multicolumn{4}{l}{Empresas listadas podem ser questionadas por seus acionistas, quanto à decisão de doar dinheiro para partidos políticos. Outras empresas, não listadas, podem decidir não divulgar ao público tais doações.}
GE31	Disputas Legais	Diminuir	(Soma das Disputas Legais em $/ Faturamento em $) *100
\multicolumn{4}{l}{Processos trabalhistas ainda não julgados devem fazer parte deste indicador, além de outras disputas com os governos municipais, estaduais, federais etc.}
GE32	Patentes I	Aumentar	Quantidade de Patentes Registradas nos Últimos n Meses
GE33	Patentes II	Não Aplicável	Quantidade de Patentes a Expirar nos Próximos n Meses
\multicolumn{4}{l}{Exemplo GE34: conforme Gibson (30)}
GE34	Horas Dedicadas aos Projetos de Inovação	Aumentar	(Quantidade de Horas de Trabalho Dedicada aos Projetos de Inovação/ Quantidade Total de Horas de Trabalho) *100
\multicolumn{4}{l}{Fonte: (41)}
GE35	Tempo da Atividade	Diminuir	Soma dos Tempos para se Completar a Atividade/ Quantidade de Vezes que a Atividade foi Completada
\multicolumn{4}{l}{Algumas empresas usuárias de sistemas ERP optam também por implantar ferramentas de *workflow*, que demonstram claramente onde estão os gargalos dos processos administrativos. Com isto, podemos melhorar os mesmos.}
GE36	*emails* não Respondidos	Diminuir	Quantidade de *emails* não Respondidos
GE37	Erros Humanos	Diminuir	Soma dos Erros Cometidos por Atividades Desempenhadas por Seres Humanos num Determinado Período
\multicolumn{4}{l}{Vale a pena pesquisar sobre *Poka Yoke* e *Fool Proof*, ou seja, sobre métodos à prova de erro. Segundo a literatura, um dos métodos mais utilizados é a *checklist*, que pode evitar uma série de erros.}

500 Exemplos de Indicadores (a maioria comentada) ■ 133

GE38	Média de Erros por Processo	Diminuir	Soma dos Erros Ocorridos nos Processos/ Quantidade de Processos
GE39	Investimentos em Direitos Humanos	Aumentar	(Acordos e Contratos de Investimentos em $ que Incluem Cláusulas de Direitos Humanos / Total de Acordos e Contratos de Investimentos em $) *100
GE40	Multas	Diminuir	Total Gasto $ com Multas
GE41	Violação da Privacidade dos Clientes	Diminuir	Qtde de Queixas e Reclamações Comprovadas de Violação da Privacidade e Perda de Dados dos Clientes

É importante que a empresa possua um canal de comunicação para queixas de qualquer natureza, mas que também haja, do outro lado, uma equipe competente para tratar cada uma das queixas de forma sistêmica, e que leve para a alta direção os casos mais graves.

Indicadores – Gestão Ambiental (GA)			
	Objetivos		Interpretação
	Descrição	Tendência Favorável	
GA1	Consumo de Energia Elétrica por Colaborador	Diminuir	(Consumo de Energia Elétrica (Kwh)/ Nº de Colaboradores)

Existem manuais de eficiência energética facilmente obtidos e gratuitos, que apresentam onde o consumo de energia se situa mais fortemente em diversos segmentos: na indústria são os motores elétricos, os aquecedores indutivos ou não, as resistências, os fornos de tratamento térmico. Já no comércio e em alguns setores da área de serviços, a iluminação e os sistemas de condicionadores de ar fazem a diferença. Muitas vezes, o indicador de consumo de energia por colaborador é calculado mais pela facilidade de se obter os dados e de se criar certa mobilização do pessoal do que para efeitos realmente práticos.

GA2	Consumo de Energia Elétrica por Material Consumido	Diminuir	Consumo de Energia Elétrica (Kwh)/ Consumo de Matéria-Prima (T)

Em algumas indústrias, o uso deste indicador faz todo o sentido, incluindo as indústrias química e siderúrgica.

GA3	Consumo de Energia Elétrica por Produto Fabricado	Diminuir	Consumo de Energia Elétrica (Kwh)/ Quantidade de Produtos Fabricados
Esta é uma medida de eficiência energética. Podemos contar com tecnologia mais avançada e com melhor gerenciamento para reduzir esse resultado. O indicador pode sofrer influência do *mix* de produção, pois cada modelo pode ter uma necessidade diferente de consumo de energia. Mas ao longo do tempo esta influência do *mix* ficará minimizada, quando a produção dos diversos modelos ocorrer. Montadores de veículos, incluindo caminhões, utilizam este indicador.			
GA4	Consumo de Água	Diminuir	Consumo de Água (M^3)/ N° de Colaboradores
Indicador bastante utilizado em campanhas de redução de consumo, pelas empresas e governos. No Brasil de hoje, as pessoas já sabem qual o consumo típico de seus banhos, suas escovações de dentes, lavagens de automóveis, calçadas etc.			
GA5	Consumo de Água	Diminuir	Consumo de Água (M3)/ Unidade Produzida
Indicador bastante utilizado na indústria, inclusive de bebidas e de alimentos.			
GA6	Reutilização de Água	Aumentar	Volume de Água Reutilizada (M3) / Unidade Produzida
GA7	Reutilização de Água	Aumentar	(Volume de Água Reutilizada (M3) / Volume de Água Consumida (M3)) * 100
GA8	Emissões de CO2	Diminuir	Emissões de CO2 (T) / Unidade Produzida
Indicador bastante utilizado quando o assunto é a *pegada de carbono*.			
GA9	Efluentes Totais	Diminuir	Efluentes Totais (M3) / Unidade Produzida
GA10	Resíduo	Diminuir	[Resíduo Gerado (T)/ Consumo de Matéria-Prima (T)] x 100
GA11	Resíduo	Diminuir	Resíduo Gerado (T) / Unidade Produzida
Indicador bastante utilizado. Como já citado, nos casos dos indicadores de consumo de energia elétrica e consumo de água, o indicador pode sofrer influência do *mix* de produção. Vale a pena utilizá-los: ao longo do tempo, esta possível distorção fica minimizada.			
GA12	Lâmpadas	Diminuir	Quantidade de Lâmpadas por m² de Área Construída

Lembrar que existe uma iluminância exigida pela legislação, que precisa ser respeitada. Com o advento das lâmpadas mais tecnológicas e a proibição da fabricação de alguns modelos pouco eficientes, este indicador tende a mostrar resultados bem expressivos.

GA13	Recicláveis	Aumentar	[Resíduos Reciclados (T)/ Resíduos Gerados (T)] x 100

Calcular em separado cada tipo de material reciclável e geral. A reciclagem pode ser praticada por questões legais (condomínios), por questões ideológicas e até por questões financeiras. Em uma empresa, com uma campanha para redução do consumo de copos plásticos e a maior reciclagem de resíduos, com a aproximação de uma cooperativa de catadores, o volume de resíduos que era retirado por empresa especializada diminuiu, portanto a taxa de retirada e disposição baixou 33%. Eram três retiradas por semana e passou-se para duas retiradas por semana.

GA14	Aterro	Diminuir	[Resíduos Destinados para Aterro (T)/ Resíduos Gerados (T)] x 100
GA15	Produtividade do Uso da Energia	Aumentar	[Faturamento em R$ / Gasto com Energia em R$] * 100
GA16	Produtividade do Uso das Matérias-Primas	Aumentar	[Faturamento em R$ / Gasto com Matérias-Primas em R$] * 100
GA17	Energias Renováveis I	Aumentar	[Consumo de Energia Renovável em R$/ Consumo Total de Energia em R$]*100 . Onde Energia Renovável: Hidrogeração, Eólica, Solar, Biomassa e Geotérmica.
GA18	Energias Renováveis II	Aumentar	[Consumo de Energia Renovável em Kwh/ Consumo Total De Energia em Kwh]*100 . Onde Energia Renovável: Hidrogeração, Eólica, Solar, Biomassa e Geotérmica.
GA19	Uso de Energia Per Capita	Otimizar	[Total do Consumo de Energia (em Equivalente de Petróleo), em Kg/ População]
GA20	Emissão de Gases do Efeito Estufa – I	Reduzir	Total de Emissões de Gases do Efeito Estufa, em Milhões de Toneladas por Ano
GA21	Emissão de Gases do Efeito Estufa – II	Reduzir	Total de Emissões de Gases do Efeito Estufa, em Milhões de Toneladas por Ano /Quantidade de Colaboradores
GA22	Emissão de Gases do Efeito Estufa – III	Reduzir	Total de Emissões de Gases do Efeito Estufa, em Milhões de Toneladas por Ano / Quantidade Produzida de Produtos

GA23	Emissão de Gases do Efeito Estufa – IV	Reduzir	Total de Emissões de Gases do Efeito Estufa, em Milhões de Toneladas por Ano / Faturamento Anual em $
GA24	Emissões de CO_2 dos Veículos da Marca X	Diminuir	(Total de Emissões de CO_2 dos Veículos da Marca, em g, num Determinado Período)/(Total De Km Rodados num Determinado Período)

Este indicador é do interesse das montadoras de veículos, que buscam continuamente melhorar a tecnologia dos motores utilizados nos veículos da marca. Esse resultado faz parte de campanhas publicitárias.

GA25	Emissões de VOC (Compostos Orgânicos Voláteis) por Veículo Produzido	Diminuir	(Total de Emissões de VOC em Kg, num Determinado Período)/ (Quantidade de Veículos Produzidos num Determinado Período)
GA26	% de Plásticos Reciclados Utilizados em Veículos	Aumentar	(Total de Plásticos Reciclados, em Kg, por Veículo)/ (Total de Plásticos Utilizados, em Kg, por Veículo) *100

O uso de plásticos nos veículos tem aumentado ao longo das últimas décadas, por questões de redução do peso (que impacta o consumo de combustível e o desempenho – velocidade do carro). Porém, nem todo plástico é reciclável. Os termoplásticos podem ser reciclados. Já os termofixos, não.

GA27	Reuso	Aumentar	(Quantidade de Produtos Recuperados para Reuso/ Quantidade de Produtos que Atingiram o Final do Ciclo de Vida) *100

Fonte: (14)

GA28	Uso de Materiais Reciclados	Aumentar	(Total de Materiais Reciclados Utilizados em Kg/ Total de Materiais Utilizados em Kg) *100
GA29	Volume de Água Retirada	Diminuir	Total de Água Retirada por Fonte

Considerar como fontes: águas superficiais, águas subterrâneas, águas pluviais coletadas e armazenadas pela empresa, efluentes de outra organização, abastecimento municipal de água. Pela legislação brasileira, para se retirar água de algumas das fontes citadas e devolvê-las, depois do uso e tratamento é preciso uma outorga do uso da água. Vale a pena visitar o *website* da Agência Nacional de Águas: www.ana.gov.br

GA30	Destinação de Resíduos	Otimizar	(Destinação de Resíduos por Tipo de Destinação em Kg/ Total Gerado de Resíduos em Kg) *100
Destinações: reutilização, reciclagem, compostagem, recuperação, incineração, injeção subterrânea de resíduos, aterro, armazenamento no local.			
GA31	Volume Total de Vazamentos Significativos	Diminuir	Soma dos Volumes de Vazamentos
Deve-se considerar os vazamentos (no solo e em superfícies hídricas) de: petróleo, combustível, resíduos, produtos químicos.			
GA32	Resíduos Perigosos	Otimizar	Peso Total dos Resíduos Perigosos (de Acordo com a Convenção da Basileia)
Deve-se considerar os resíduos perigosos: transportados, importados, exportados, tratados.			
GA33	Multas	Diminuir	Soma do Valor Monetário das Multas Ambientais
Para se evitarem multas, primeiro é necessário conhecer a legislação. Pode-se apoiar em empresa especializada, que analisa e envia para a empresa contratante as novidades da legislação, ou pode se fazer uma pesquisa em *websites* do governo, onde a legislação está disponível gratuitamente.			
GA34	Proteção Ambiental	Otimizar	Soma dos Gastos e dos Investimentos em Proteção Ambiental
Deve-se considerar: disposição de resíduos, tratamento de emissões, custo de remediação, gastos com prevenção e gestão ambiental.			
GA35	Queixas e Reclamações Ambientais	Diminuir	Quantidade de Queixas e Reclamações Relacionadas a Impactos Ambientais
Uma das piores coisas para uma empresa, hoje, é ter problemas com uma das suas partes interessadas, incluindo a vizinhança. A empresa deve possuir um procedimento implantado para comunicação com as partes interessadas, para coletar, analisar e resolver os problemas rapidamente. É melhor que as partes interessadas reclamem para a empresa do que reclamem diretamente para o órgão ambiental.			

Item	Indicadores – Gestão Pública (GP)		
	Objetivos		Interpretação
	Descrição	Tendência Favorável	
GP1	Produto Interno Bruto	Aumentar	[Riqueza Gerada em R$/ Número de Habitantes]
Este indicador sozinho já não é adequado para se medir as riquezas geradas por uma nação, em função dos *intangíveis*. A elevação do nível de vida dos habitantes de um país depende do aumento da produtividade. A produtividade depende da inovação (28).			
GP2	Mortalidade Prematura (Antes da Expectativa de Vida)	Diminuir	Número de Fatalidades para Grupo de 100.000 Habitantes Abaixo da Idade Definida como Expectativa de Vida
Calcular, em separado, homens das mulheres e por regiões.			
GP3	Fumantes	Diminuir	[Número de Fumantes/ Total de Habitantes]*100
Calcular, em separado, homens das mulheres e por faixas etárias.			
GP4	Obesos	Diminuir	[Número de Obesos/ Total de Habitantes]*100
Esta é uma questão, sem dúvida alguma, de saúde pública. Deve-se calcular em separado homens das mulheres e por faixas etárias.			
GP5	Roubos às Residências	Diminuir	Número de Roubos às Residências (Casos Relatados)
Deve-se calcular por bairro e até por rua. Os resultados podem nortear ações de prevenção e de combate à violência.			
GP6	Taxa de Emprego	Aumentar	[Número de Pessoas Empregadas/ Total da População Economicamente Ativa]*100
Deve-se calcular, em separado, homens das mulheres, por faixas etárias e por regiões.			
GP7	Cuidado Infantil Em Tempo Integral	Aumentar	[Número De Crianças que Recebem Cuidados Em Tempo Integral/Total Da População Infantil]
Calcular, em separado, por faixas etárias e por regiões.			

GP8	Diferença entre Salários de Homens e Mulheres	Diminuir	[Média do Salário Horário de Homens, em R$ / Média do Salário Horário de Mulheres em R$*100]

Este é um dos assuntos mais polêmicos, no mundo e no mundo dos negócios. Deve-se calcular em separado por cargos e por regiões.

Indicadores – Informática (IN)

ITEM	Objetivos		Interpretação
	Descrição	Tendência Favorável	
IN1	Satisfação Dos Usuários Da Informática	Aumentar	(Pontos Obtidos (Questionário)/ Pontos Possíveis (Questionário)) *100

Tão Importante quanto a Tabulação dos Resultados, é Analisar os Comentários Registrados pelos Usuários. Deve-se Elaborar e Implementar um Plano de Ação para Melhoria dos Resultados.

IN2	Tempo De Atendimento (*Help Desk*)	Diminuir	Soma dos Tempos de Atendimento/ Número de Atendimentos
IN3	Reclamações dos Usuários	Diminuir	Soma das Reclamações

Calcular por Motivo e por Área Usuária.

Indicadores – Logística (LO)

Item	Objetivos		INTERPRETAÇÃO
	Descrição	Tendência Favorável	
LO1	Entregas aos Clientes no Prazo	Aumentar	(Quantidade de Entregas no Prazo/ Quantidade de Entregas) x 100

Deve-se calcular por cliente. Quando o resultado deste indicador não é satisfatório, normalmente elabora-se um plano de ação bastante abrangente. É um dos assuntos que mais me fascinam. Atuei numa empresa na qual as entregas aos clientes, no prazo, podiam ser consideradas como o principal fator crítico de sucesso da empresa.

LO2	Eficiência do Transporte	Aumentar	(Total da Carga em ton./ Capacidade do Veículo em ton.) *100
É um grande desafio, sempre, compatibilizar os interesses e necessidades dos clientes com os da empresa. Este assunto não é diferente. Muitas vezes, a empresa gostaria de otimizar as entregas, mas as necessidades dos clientes não permitem que isso ocorra.			
LO3	Satisfação dos Usuários do Almoxarifado	Aumentar	(Pontos Obtidos (Questionário)/ Pontos Possíveis (Questionário)) *100
Tão importante quando a pontuação obtida são as observações registradas pelos usuários.			
LO4	Atraso na Entrega	Diminuir	Somatório dos Dias de Atraso/ Total de Itens que Foram Entregues Atrasados
Deve ser calculado por família de produtos e por cliente.			
LO5	Giro de Estoque	Otimizar	Giro de Estoque = Qtde. Vendida/ Estoque Médio. Onde: Estoque Médio = (Estoque Inicial + Estoque Final)/2 e Qtde. Vendida = Estoque Inicial + Compras − Estoque Final
A literatura cita que os gastos para manter um estoque beiram os 15% ao ano do preço de aquisição daquilo que está estocado. Portanto, o giro de estoques é um fator bastante importante para se alcançar bons resultados operacionais.			
LO6	Frete	Otimizar	(Total Gasto em Fretes ($)/ Faturamento (em $)) X 100
A prioridade deve ser o atendimento ao cliente no prazo.			
LO7	Frete Especial	Diminuir	(Total Gastos com Fretes não Programados ou Evitáveis (em $) / Faturamento (em $)) x 100
A investigação do porquê da ocorrência desses fretes e a tomada de ações sistêmicas são passos importantes após se conhecer o resultado numérico deste indicador.			
LO8	Estoque	Otimizar	(Estoque de Materiais e Itens Comprados em $/ Faturamento em $) *100
A necessidade ou não de estoques, deve levar em conta o risco de desabastecimento. Não devemos ser radicais. Para se minimizar o nível de estoque deve ser realizado um trabalho junto aos fornecedores, evitando-se surpresas desagradáveis.			
LO9	Atendimento aos Pedidos	Aumentar	(Qtde. Produzida + Quantidade do Estoque Inicial)/ (Qtde. Vendida) *100
Calcular por linha de produtos e cliente.			

LO10	Indisponibilidade de Material	Diminuir	(Atrasos de Produção Devido à Indisponibilidade de Materiais em Dias/ Atrasos de Produção em Dias) *100
LO11	Estoques sem Consumo	Diminuir	($ de Estoques de Produtos Acabados ou de Materiais sem Consumo há n Semanas/ $ de Estoque Total) *100

Indicador interessante para se identificar problemas de gestão. Muitas vezes, quando se utilizam previsões, ocorrem perdas/ desperdícios devido ao não uso de materiais ou devido a não venda de produtos.

LO12	Sobrepeso	Diminuir	((Peso Médio − Peso Declarado)/ (Peso Declarado)) *100
LO13	Estoque Mínimo	Otimizar	Estoque Mínimo = (Venda Média Mensal * Tempo de Cobertura) /30 Dias. Onde : Venda Média Mensal = (Soma das Vendas no Período/ Meses do Período)
LO14	Avarias Durante o Transporte e a Entrega	Diminuir	(Quantidade de Produtos Avariados Durante o Transporte e Entrega/ Qtde. Total de Produtos Transportados e Entregues) *100 ou *1.000.000 (PPM)

Dependendo dos resultados, pode-se projetar novas embalagens mais resistentes/ adequadas. Pode-se descobrir, também, falta de treinamento e problemas comportamentais por parte das pessoas que movimentam e manuseiam esses produtos.

LO15	Média da Idade dos Veículos	Diminuir	(Somatório da Idade da Frota/ Quantidade de Veículos)

Pode-se correlacionar os gastos com manutenção à idade dos veículos. Deve-se calcular por tipo de veículo.

LO16	R$/Km	Diminuir	(Total Geral de Gastos em R$ com a Frota, Incluindo Combustível, Salários + Encargos, Manutenções, Pneus, Pedágios, IPVA, Seguros dos Veículos, Seguros das Cargas etc.)/ Km Rodados

Calcular por roteiro e geral.

LO17	R$/ Km Devido às Manutenções	Diminuir	(Total Geral de Gastos em R$ com a Frota, Incluindo Manutenções Corretivas, Preventivas, Preditivas e as Peças Aplicadas)/ Km Rodados

Calcular por veículo e geral.			
LO18	R$/ Km Devido ao Diesel	Diminuir	(Total de Gastos em R$ com Diesel)/ Km Rodados.
Calcular por veículo, geral e por roteiro.			
LO19	R$/ Km Devido aos Pneus	Diminuir	(Total de Gastos em R$ com Pneus)/ Km Rodados.
Calcular por veículo e geral.			
LO20	Espaço Ocupado	Otimizar	(Espaço Ocupado em m²/ Espaço Disponível em m²) *100
Pode-se ir além, considerando-se o espaço em m³, levando-se em consideração uma terceira dimensão.			
LO21	Diferença de Estoque	Diminuir	Estoque Contábil – Estoque Físico.
Calcular por item, por família e geral. Deve-se investigar as causas de tais diferenças e tomar ações corretivas no sistema de gestão para minimizar/eliminar este problema.			
LO22	Paralisações	Diminuir	Total de Paralisações (em Horas)/ Km Rodados
Deve-se calcular por veículo e geral.			
LO23	Unidades Transportadas	Aumentar	Unidades Transportadas/ Km Rodados
Calcular em peças, Kg, pessoas e por veículo e geral.			
LO24	Acidentes e Sinistros	Diminuir	(Gastos com Acidentes e Sinistros em R$)/ Km Rodados
Calcular por roteiro.			
LO25	Unidades Expedidas por Colaborador	Aumentar	(Total de Unidades Expedidas/ Total Colaboradores)
Deve-se utilizar, sempre que possível, a paletização, para se evitar a transferência unitária de produtos.			
LO26	Gastos Com Pessoal Envolvido na Expedição por Unidade Expedida	Diminuir	(Total de Gastos em R$ com Pessoal Envolvido na Expedição) / Qtde. de Unidades Expedidas

LO27	Logística Reversa	Otimizar	Tempo de Ciclo entre a Identificação do Material e seu Devido Encaminhamento para o Fabricante

Deve-se observar exigências legais dos fabricantes de produtos que precisam praticar a logística reversa.

LO28	Separação dos Pedidos	Aumentar	Total de Pedidos (ou de Itens) Separados e Embalados/ Total de Horas Trabalhadas.

Calcular por colaborador, por linha e geral. Atenção deve ser dada também em relação à taxa de erros. Não adianta ter alta produtividade com problemas de separação e expedição de produtos errados aos clientes.

LO29	Gastos com Armazenagem	Diminuir	(Gastos em R$ com Área, Pessoal, Equipamentos, Utilidades etc.)/ (Receita de Vendas em R$) *100
LO30	Custo de Manutenção do Estoque	Otimizar	(Valor do Estoque em R$ * Taxa Mínima de Atratividade) Exemplos : Selic, Poupança, Fundos de Renda Fixa
LO31	Gastos Associados à Falta de Produtos Acabados	Diminuir	(Venda Perdida por Indisponibilidade de Produtos em R$ x Margem de Contribuição)

Não é incomum um consumidor ou cliente deixar de frequentar um estabelecimento caso não encontre com frequência os produtos que procura. Por isso este indicador é tão importante.

LO32	% de Retornos – Logística Reversa	Aumentar	(Total Retornado/ Total Entregue) *100 .

Calcular por produto, por linha de produto e geral. Deve-se observar exigência da legislação quanto ao setor no qual a empresa atua.

LO33	Parcela de Produtos (Exemplo, Veículos) Transportados por Trem	Aumentar	(Total de Produtos Transportados por Trem/ Total de Produtos Transportados) *100 .
LO34	Combustível Consumido por Km – Passageiro	Diminuir	(Total de Combustível Consumido)/ (Km Percorridos) /(Qtde de Passageiros Transportados)

Indicadores – Manutenção (MN)

Item	Objetivos		Interpretação
	Descrição	Tendência Favorável	
MN1	Disponibilidade	Aumentar	[(Total de Horas Possíveis de se Operar – Total de Horas em Manutenção)/ Total de Horas Possíveis de se Operar] X 100
			Deve-se calcular por máquina, individualmente e por família de máquinas. Este resultado deve interessar ao PCP/Logística, pois impacta no tempo que cada máquina pode ser utilizada. Podem-se definir quais são as máquinas e equipamentos chave e calcular o indicador para os mesmos. Em empresas de classe mundial, a disponibilidade é maior que 97% (46). Para cada 1% de aumento da disponibilidade, os custos com manutenção diminuem em 10% (46).
MN2	Confiabilidade	Aumentar	Tempo Médio entre Falhas = [(Tempo entre Falha 2 – Tempo Entre Falha 1) + (Tempo Entre Falha 3 – Tempo Entre Falha 2) + (Tempo Entre Falha N – Tempo Entre Falha N-1)] / Nº De Falhas-1
			Deve-se calcular por máquina, individualmente, e por família de máquinas. Este resultado pode servir de base para o planejamento de manutenções preventivas. Pode-se definir quais são as máquinas e equipamentos chave e calcular o indicador para os mesmos. Este indicador impacta na disponibilidade das máquinas e equipamentos.
MN3	Mantenabilidade	Diminuir	Tempo Médio dos Reparos = (Tempo do Reparo 1 + Tempo do Reparo 2 + Tempo do Reparo N) / N Reparos
			Deve-se calcular por máquina, individualmente e, também, por profissional da equipe da Manutenção. A ideia não é vigiar ninguém, mas sim, identificar as melhores práticas internas, falta de treinamento, falta de recursos (exemplo, ferramentas, peças de reposição). Pode-se identificar, também, oportunidades de melhorias nas máquinas (ou na disposição das mesmas), para facilitar o acesso, quando da necessidade de reparos. Pode-se definir quais são as máquinas e equipamentos chave e calcular o indicador para os mesmos. Este indicador impacta na disponibilidade das máquinas e equipamentos.
MN4	Nível de Cobertura do Estoque De Peças	Aumentar	(Número de Vezes em que as Pessoas Encontram as Peças de Reposição de Estoque que Procuram/ Número de Vezes em que as Pessoas Não Encontram as Peças de Reposição de Estoque que Precisam) *100

500 Exemplos de Indicadores (a maioria comentada) ■ 145

Este indicador impacta na mantenabilidade.			
MN5	Horas Não Planejadas	Diminuir	(Total de Horas de Trabalho da Manutenção Não Planejadas/ Total de Horas de Trabalho da Manutenção) *100
MN6	Idade Média dos Equipamentos	Diminuir	Soma das Idades dos Equipamentos/Qtde de Equipamentos

Calcular por família de equipamentos e geral. Pode alertar para a necessidade de substituir equipamentos muito antigos. Além de impactos nos custos de manutenção, os resultados obtidos deste indicador podem ter uma correlação forte com a competitividade da empresa.

Indicadores – *Oil And Gas* (Exploração e Produção de Petróleo e Gás) (OG)			
Item	Objetivos		Interpretação
	Descrição	Tendência Favorável	
OG1	Produção de *Oil And Gas* Combinados	Otimizar	Produção Diária de *Oil And Gas* (Milhões de Barris de Equivalentes de Petróleo)
Este é o indicador mais utilizado no mundo para informar a produção diária de petróleo e gás de uma empresa, de um país, ou mesmo no mundo inteiro. Existem países e organizações de produtores de petróleo que limitam as suas produções, para evitar uma queda no preço do mesmo.			
OG2	Reservas Comprovadas de *Oil and Gas*	Aumentar	Reservas Comprovadas de *Oil and Gas* (Bilhões de Barris Equivalentes de Petróleo)
OG3	Custo de Produção do Barril Equivalente de Petróleo	Diminuir	Custo de Produção do Barril Equivalente de Petróleo (US$/Boe)
As questões de saúde e segurança e meio ambiente devem ser observadas. Quando se fala de redução de custos, deve-se tomar todo o cuidado para não mexer onde não se deve, aumentando os riscos para o negócio.			
OG4	Distribuição dos Poços Comprovados	Não Aplicável	% de Poços Comprovados (Internacionais e Nacionais)

OG5	Derramamento de Petróleo	Diminuir	Volume de Petróleo Derramado não Recuperado (Barris)
OG6	Derramamento que Afete o Meio Ambiente	Diminuir	Volume de Petróleo Derramado (Barris), após falha de Todas as Barreiras de Contenção
OG7	Derramamento de Primeira Contenção	Diminuir	Derramamento de Primeira Contenção (Barris), mesmo que a Segunda Contenção tenha sido Eficaz.
OG8	Emissões Totais de Hidrocarbonetos	Diminuir	Emissões (ton/Ano)

Fonte: (45)

OG9	Diversidade e Inclusão I	Aumentar	(Qtde de Mulheres em Postos de Comando)/ (Qtde Total de Profissionais em Postos de Comando) *100
OG10	Diversidade e Inclusão II	Aumentar	(Qtde de Estrangeiros em postos de Comando)/(Qtde Total de Profissionais em Postos de Comando) * 100

Estrangeiros, por exemplo, para uma petroleira britânica, são não cidadãos dos EUA e do UK.

OG11	Engajamento em Prioridades do Grupo	Aumentar	(Soma dos Pontos Obtidos/ Soma dos Pontos Possíveis) *100

Numa petroleira britânica, resposta aos questionários, contendo 12 questões a respeito da empresa, sua liderança, normas e do modo como ela opera.

OG12	Disponibilidade de Refino	Aumentar	(Tempo Total Disponível – Paradas Devido às Manutenções e Mudanças nas Produções)/ (Tempo Total Disponível) *100
OG13	Relação de Reposição de Reservas	Aumentar	(Soma de Novas Reservas Comprovadas, de Recuperações e de Revisões das Previsões Anteriores, em Boe)/ (Base Anterior, em Boe) *100
OG14	Entrega de Grandes Projetos	Otimizar	Quantidade de Grandes Projetos que Foram Entregues

500 Exemplos de Indicadores (a maioria comentada) ■ 147

Grande projeto para a uma petroleira britânica, possui grande complexidade e representa um investimento, somente para a petroleira, de mais de US$ 250 milhões.

OG15	Retorno Total para o Acionista	Aumentar	Variação do Preço da Ação em Um Ano Calendário= ((Preço Atual/Preço Há Um Ano)-1) *100
OG16	Fluxo de Caixa da Operação	Aumentar	Fluxo de Caixa, em Bilhões de Dólares, Resultante de Atividades da Operação

Atividades da operação são atividades principais que geram receitas, não contando atividades financeiras ou investimentos.

OG17	Eventos de Segurança do Processo Nível 1	Diminuir	Perdas de Contenção Primária de Grande Consequência, Causando Dano à Força de Trabalho ou Dano Custoso ao Equipamento, em Quantidade de Eventos
OG18	Perdas de Contenção Primária	Diminuir	Quantidade de Vazamentos Não Planejados e Não Controlados de Petróleo, Gás ou Outro Produto Perigoso de um Tanque, Tubulação ou Outro Equipamento de Armazenamento ou Transferência
OG19	Ferimentos Reportáveis	Diminuir	Quantidade de Ferimentos a Cada 200.000 Horas Trabalhadas,

Exceto casos menores, resolvidos através de primeiros socorros.

Fonte: (46)

OG20	Preventivas/ Corretivas	Otimizar	Qtde de Ordens de Manutenção Preventiva/ Qtde de Ordens de Manutenção Corretiva

A relação deve ser de seis para um, para as empresas de classe mundial.

OG21	Custo Anual de Manutenção	Otimizar	(Custo Anual de Manutenção em $/ Valor de Substituição do Ativo em $) *100

Custo de manutenção = custo dos reparos + perda de produção devido à parada do equipamento. Para ser considerada uma manutenção de classe mundial, o resultado deve ser entre 1,5 a 2,5%. Na indústria norueguesa, chegou-se ao resultado médio de 1,8%.

OG22	Conformidade ao Planejamento	Aumentar	(Qtde de Ordens de Manutenção Concluídas Antes de Prazo/ Qtde de Ordens de Manutenção Concluídas) *100

	Para a indústria norueguesa do petróleo, empresas com manutenção de classe mundial devem ter como resultado 90 a 95%.
OG23	Manutenção Preventiva	Aumentar	(Qtde de Horas Utilizadas em Manutenção Preventiva (e Preditiva)/ Qtde Total de Horas Utilizadas em Manutenção) *100
	Na indústria norueguesa do petróleo, este número é de 30,9%. Para empresas de classe mundial, o resultado deveria ser de no mínimo 50%. A recomendação para as empresas da indústria do petróleo é de 40%, no mínimo (46).
OG24	Nível de Serviço dos Estoques	Aumentar	(Qtde de Vezes na Qual a Peça de Reposição é Encontrada no Estoque/ Qtde Total de Acessos ao Estoque) *100
	Nível de classe mundial para as empresas petrolíferas norueguesas: 80 a 90%.
OG25	Planejamento da Manutenção	Aumentar	(Qtde de Atividades Planejadas/ Qtde Total de Atividades) *100
	Atividades planejadas: peças, materiais, especificações, procedimentos, ferramentas etc., definidas antes do planejamento do trabalho. Empresas de classe mundial: mínimo de 90% (46).
OG26	Treinamento em Manutenção	Aumentar	(Quantia Investida em Treinamento em $/ Folha de Pagamento Total da Planta em $) *100
	Para empresas de classe mundial e na indústria norueguesa do petróleo, recomenda-se no mínimo 3% (46).
	Fonte: (47)
OG27	*Flaring*	Diminuir	Volume de Hidrocarbonetos *Flared*
	Existem países com cronograma definido para a redução do *flaring* até a sua eliminação. Rússia e Nigéria se destacam, negativamente, como grandes usuários do *flaring*.
OG28	Resíduo de Perfuração	Diminuir	Quantidade Disposta de Lama e Cascalho
OG29	Biocombustíveis	Aumentar	Volume de Biocombustíveis Produzido e Adquirido
	Fonte: (48)
OG30	Taxa de Sucesso na Perfuração	Aumentar	(Qtde de Poços Perfurados e Considerados Viáveis Economicamente/ Total de Poços Perfurados) *100

500 Exemplos de Indicadores (a maioria comentada) ■ 149

A taxa de sucesso no pré-sal brasileiro é elevadíssima quando comparada com a média mundial.			
Fonte: (49)			
OG31	Faltas em Testes	Diminuir	Qtde de Faltas Em SIA Relatada Durante Testes
SIA : Safety Instrumentation and Alarm.			
OG32	Violações	Diminuir	Qtde de Violações Relacionadas à Integridade dos Ativos/ Segurança do Processo

Indicadores – Produção (PR)			
Item	Objetivos		Interpretação
	Descrição	Tendência Favorável	
PR1	Lead-Time de Produção	Otimizar	Somatório do Tempo de Produção de n Lotes/ n Lotes
Deve-se calcular por produto e por família. Este indicador considera todas as esperas entre operações, os tempos das operações, os tempos de transportes internos. Ou seja, o indicador abrange todas as ineficiências do processo.			
PR2	Produção Horária	Otimizar	Total de Peças Produzidas/ Número de Horas
Deve-se calcular por peça e operação. A nossa sugestão de objetivo é o de otimizar, ao invés de aumentar, pois levamos em consideração o takt time, que é o tempo necessário de processo, em função da demanda diária de peças. Não é necessário dimensionar um processo mais veloz do que aquele suficiente para produzir as peças que o cliente precisa.			
PR3	OEE (Overall Equipment Effectiveness)	Aumentar	Qualidade * Disponibilidade * Produtividade
Indicador deve ser calculado para cada máquina/ equipamento. O interessante deste indicador é o fato de combinar três conceitos diferentes e complementares. Quanto mais próximo o resultado de 1, melhor. Para empresas de classe mundial, na indústria norueguesa do petróleo, recomenda-se no mínimo 90% (46).			
PR4	Qtde. Produzida	Aumentar	(Quantidade Produzida no Período/ Quantidade Planejada no Período) *100

Tendo em vista algumas *surpresas* que consomem o tempo que deveria ser dedicado à produção, o resultado acaba sendo menor que 100%. O importante é, sempre que possível, apontar as ocorrências para a implantação de melhorias, no sentido de minimizar a ocorrências destas *surpresas* em produções futuras.			
PR5	Densidade Robótica	Otimizar	(Quantidade de Robôs/ Número de Horas Trabalhadas por Pessoas)
Nos países industrializados, com altos salários, emprega-se a robótica para tarefas repetitivas. A aplicação dos robôs visa liberar o trabalhador de condições de trabalho desagradáveis (34). Porém, tudo relacionado à robótica é ainda caro (28). A tendência é a de aumento dos salários ao longo do tempo. Máquinas e instalações serão depreciadas a zero (34).			

500 Exemplos de Indicadores (a maioria comentada) ■ 151

Item	Indicadores – Projetos Sociais (AS)			
	Objetivos		Interpretação
	Descrição	Tendência Favorável	

Fonte: (39)

Item	Descrição	Tendência Favorável	Interpretação
AS1	Duração do Projeto	Aumentar	Soma dos Anos que um Projeto ou Programa Existe
AS2	Parceiros	Aumentar	Quantidade de Parceiros Diversos que Participam de um Projeto
Exemplos: patrocinadores, organizações governamentais e não governamentais, universidades etc.			
AS3	Contribuição Voluntária	Aumentar	Quantidade de Horas de Contribuição Voluntária
AS4	Resultado da Conscientização	Aumentar	Número ou Quantia das Doações após Esforços para Aumentar a Conscientização
AS5	Principiantes	Aumentar	Número de Pessoas ou Organizações que Colaboraram pela Primeira Vez para Alcançar um Objetivo Comum

Item	Indicadores – Publicações (PUB)			
	Objetivos		Interpretação
	Descrição	Tendência Favorável	

Fonte: (39)

Item	Descrição	Tendência Favorável	Interpretação
PUB1	Publicações I	Aumentar	Quantidades de Publicações com Novos Parceiros
O compartilhamento de informações entre empresas de um mesmo setor é muito importante para a evolução dessas empresas. Resguardando-se questões confidenciais, existem muitos assuntos que podem ser compartilhados. A concorrência nem sempre está ao lado da empresa, mas sim do outro lado do mundo.			
PUB2	Publicações II	Aumentar	Quantidade de Novos Parceiros que Contribuíram com Publicações

Item	Indicadores – Qualidade (QU)		
	Objetivos		Interpretação
	Descrição	Tendência Favorável	
QU1	Reclamações dos Clientes	Diminuir	Quantidade de Reclamações
	Deve-se considerar, em separado, as reclamações apontadas pelos clientes que sejam procedentes (quando o cliente tem razão em ter reclamado – quando o acordado previamente não foi respeitado), e as reclamações não procedentes. Deve-se calcular, ainda em separado, o resultado para cada cliente. Pode-se apurar também um indicador geral, para efeito de comparação entre empresas. Proporção de elogios e reclamações: a Southwest Airlines obteve em 2007 uma relação de 4,6 elogios de clientes para cada reclamação (2). No passado, li um livro sobre esta companhia aérea, chamado Nuts. Fiquei impressionado com as histórias relatadas no livro. Fico pensando: qual a relação de elogios/ reclamações nas empresas com as quais nos relacionamos? Vale lembrar que zero dividido por qualquer número inteiro é zero! Posso estar exagerando, mas existem empresas que nos tratam tão mal no dia a dia, que fica difícil acreditar que possam receber, ao menos, um elogio ao ano... Acredito, também, que poderíamos utilizar este indicador como um alerta sobre como estamos tratando as pessoas à nossa volta. Qual a relação de elogios e críticas construtivas e as reclamações, críticas não construtivas que fazemos no dia a dia?			
QU2	Tempo de Ciclo de Análise do Produto Reprovado pelo Cliente	Diminuir	Tempo Médio para Análise do Produto Reprovado pelo Cliente
	É importante que este tempo seja curto para que se possam repor os produtos (retrabalhados ou não) ao cliente, o mais rápido possível.			
QU3	Eficácia das Solicitações de Ações Corretivas de Auditoria do Sistema	Aumentar	(*Sacs* Eficazes/ *Sacs* Verificadas) *100
	Este indicador mede a *qualidade* das ações corretivas. Eficácia, neste caso, significa a não reincidência do problema em verificação após a implantação das ações corretivas, através de nova auditoria.			

| QU4 | Satisfação dos Usuários da Metrologia | Aumentar | (Pontos Obtidos (Questionário)/ Pontos Possíveis (Questionário)) *100 |

Nas empresas manufatureiras, a maior quantidade de usuários pertence à área de Manufatura. Os usuários, quando consultados, apontam potenciais melhorias, como a aquisição de recursos (instrumentos, equipamentos de medição) para sua área, bem como formas de agilizar o atendimento pelo setor de Metrologia. Tão importante quanto a pontuação atribuída em um questionário estruturado, são os comentários feitos e registrados nos questionários pelos respondentes.

| QU5 | Retorno em Garantia | Diminuir | (Total de Produtos que Apresentaram Defeitos/ Falhas Durante o Período de Garantia/ Total de Produtos Entregues) *100 |

Esta ocorrência deveria ser pequena, mas temos presenciado a ocorrência de *recalls*, com frequência. Isto pode ocorrer por falta de uma validação mais adequada de produtos e processos, além de problemas ocorridos durante a fabricação.

| QU6 | PPM por Cliente | Diminuir | (Quantidade Não Conforme/ Quantidade Entregue) x 1.000.000 |

Devem ser consideradas em separado as não conformidades apontadas pelos clientes que sejam procedentes (quando o cliente tem razão de ter apontado como produto não conforme – quando o acordado previamente não foi respeitado), e as não conformidades não procedentes. Deve-se calcular, ainda em separado, o resultado para cada cliente. Pode-se apurar também um indicador geral, para efeito de comparação entre empresas. Só se justifica falar em PPM após a empresa atingir um desempenho melhor que 1%. Caso contrário, não faz sentido utilizar uma unidade tão sensível como o PPM.

| QU7 | PPM Interno | Diminuir | (Quantidade Não Conforme / Quantidade Produzida) x 1.000.000 |

É importante que se calcule o indicador por produto, família de produtos e geral. Só se justifica falar em PPM após a empresa atingir um desempenho melhor que 1%. Caso contrário, não faz sentido utilizar uma unidade tão sensível como o PPM.

| QU8 | Custos da Qualidade | Otimizar | (Custos da Qualidade (em $)/ Faturamento (em $)) x 100 |

Deve-se reduzir os custos com falhas internas e falhas externas. Deve-se otimizar os custos com avaliação e com prevenção. Em teoria, com a utilização adequada de recursos em avaliação e prevenção as falhas devem diminuir.

QU9	Notificação do Cliente Quanto à Situação Especial Relacionada às Questões de Entrega e Qualidade	Diminuir	Nº de Notificações
Algumas empresas montadoras de automóveis adotam uma classificação específica quando seus fornecedores de autopeças apresentam um desempenho da qualidade e/ou de entrega insuficientes. Em alguns casos, um órgão certificador precisa acompanhar a implantação das ações até a solução do problema.			
QU10	Perturbações ao Cliente (Multas/ Paradas de Linha/ Recall)	Diminuir	Ocorrências de Perturbações (em U$)
As perturbações ocorridas nos clientes (por exemplo, nas montadoras de automóveis) podem custar caro ao fornecedor. Os clientes costumam debitar dos seus fornecedores os problemas causados pelos mesmos.			
QU11	Retrabalho	Diminuir	(Quantidade de Peças Retrabalhadas/ Quantidade de Peças Produzidas) *100
Em várias empresas nas quais atuei, o retrabalho era muitas vezes maior que o refugo. Em muitos casos, o retrabalho não é computado adequadamente. Antes das certificações dos sistemas de gestão, conforme ISO 9001, era comum que os retrabalhos não seguissem um mínimo de burocracia. Já de acordo com a ISO 9001, o retrabalho deve ser documentado e os produtos devem ser verificados após o retrabalho, para se confirmar a conformidade (ou não) dos mesmos. Calcular por produto, por família de produtos e geral.			
QU12	Gasto com Retrabalho por Item	Diminuir	(Gasto Total com Retrabalho em $)/ (Quantidade de Itens Retrabalhados)
QU13	Conformidade na Inspeção Final	Aumentar	(Qtde. de Inspeções Finais com Resultados Conformes/ Qtde. de Inspeções Finais) *100
Este indicador mostra a eficácia dos controles durante as etapas do processo. Detectar não conformidades na inspeção final custa muito caro, pois a peça já estaria pronta para o envio ao cliente.			

500 Exemplos de Indicadores (a maioria comentada) ■ 155

QU14	Conformidade nos Processos	Aumentar	(Qtde. de Requisitos Considerados Conformes/ Qtde. de Requisitos Auditados) *100
Calcular por processo e geral.			
QU15	% de Atendimento às Especificações	Aumentar	(Qtde. de Características Conforme a Especificação/ Qtde de Características Controladas) *100
Calcular por lote, por produto e período.			
QU16	Produtividade do Laboratório de Ensaios e Testes	Aumentar	(Qtde. de Ensaios e Testes Executados/ Qtde. de Ensaios e Testes Solicitados) *100
QU17	Devoluções dos Clientes	Diminuir	Qtde. de Devoluções
Deve-se considerar em separado as devoluções procedentes (quando o cliente tem razão de ter devolvido o produto – quando o acordado previamente não foi respeitado) e as devoluções não procedentes. Deve-se calcular, ainda em separado, o resultado para cada cliente. Pode-se apurar também um indicador geral, para efeito de comparação entre empresas.			
QU18	Recall	Diminuir	(Total Gasto com Recall em $/ Total Faturado em $) *100

	Indicadores – Recursos Humanos (RH)		
Item	Objetivos		Interpretação
	Descrição	Tendência Favorável	
RH1	Pesquisa de Satisfação do Colaborador	Aumentar	Média da Satisfação dos Colaboradores (Questionário)
Recomenda-se que a pesquisa não seja feita com todos os colaboradores de uma só vez. Pode-se utilizar uma amostragem significativa e realizar duas ou mais pesquisas por ano. Tão importante quanto a pontuação são os comentários dissertativos. Um plano de ação deve ser elaborado. Em geral, as pesquisas são anônimas, impossibilitando a apuração por áreas.			
RH2	Sugestões de Colaboradores	Aumentar	Qtde. de Sugestões/ Número de Colaboradores

	Pode ser utilizado em conjunto com absenteísmo e *turn over*, como indicador do grau de motivação dos colaboradores. É um bom canal de entrada para *Kaizens*. "Se você quiser ter boas ideias, você deve ter muitas ideias"– Linus Pauling (28).		
RH3	Horas Extras	Diminuir	(Horas Extras (em $)/ Folha de Pagamento (em $)) *100
RH4	Folha de Pagamento	Otimizar	(Folha de Pagamento (em $)/ Faturamento (em $)) *100
	Deve-se lembrar que a folha de pagamento é um gasto fixo (não depende do volume de produção). A única expectativa é que os gastos com folha de pagamento aumentem com o tempo. Quando se calcula a folha de pagamento em relação ao faturamento, pode-se implantar ações no sentido de se ter ganhos de produtividade e eficiência ao longo do tempo.		
RH5	Horas Extras Convertidas em Colaboradores Virtuais	Diminuir	Total de Horas Extras/ 220 Horas
	Este indicador é interessante para se ter uma ideia da mão de obra adicionada à força de trabalho na empresa. Pode-se utilizar este indicador para identificar um número que seja razoável para um aumento de quadro.		
RH6	Treinamento por Colaborador	Aumentar	Total de Horas de Treinamento/ Nº de Colaboradores
	O conhecimento é transformado em resultado (1). Um dos meios de se obter conhecimento é através de treinamentos. Ter um número muito pequeno de horas de treinamento, sabendo-se que a absorção e o entendimento das informações pode ser limitado, é um risco para a empresa. Este indicador é médio e por isso pode ser incompleto. Se for calculado por área, já se melhora a aplicação dos resultados em ações. O interessante seria ter um total de horas de treinamento realizado por nível hierárquico, por gênero e até por colaborador.		
RH7	Absenteísmo I	Diminuir	Horas Não Trabalhadas / (Total de Dias Úteis no Mês x Horas Normais Trabalhadas por Dia) x Número de Colaboradores no Mês)) x 100
	Deve-se calcular este indicador geral (para toda a empresa), para comparação com outras empresas; por área, para comparação entre áreas da mesma empresa e para se buscar causas e ações para minimizar o absenteísmo; deve-se calcular também por colaborador. Quando o colaborador é afastado pelo INSS, não deve mais ser considerado para o cálculo deste indicador.		
RH8	Turn Over	Diminuir	(Soma dos Desligamentos e Contratações)/ 2/ (Nº de Colaboradores Ativos) x 100

A mente humana é o registro do conhecimento tácito. Por isso, é um desperdício a empresa apresentar um alto turn over do pessoal, pois ocorre um vazamento do conhecimento da empresa (1). Tenho confirmado no dia a dia que o turn over elevado não tem nada de bom. A relação entre produtividade e turn over de pessoal é linear. No passado, eu orientava meus clientes de consultoria a definirem que o turn over deveria ser otimizado e não reduzido, pois seria interessante haver certa renovação no quadro de colaboradores, com a consequente oxigenação da empresa. Após conhecer a abordagem do consultor Falconi, mudei de ideia. Já Drucker (23), defende a necessidade de se trazer gente nova de fora para a empresa, com ideias frescas. A promoção de pessoas da empresa não seria suficiente. Ele defende porém que se devem minimizar os riscos, evitando-se colocar o novo profissional em cargos muito elevados, no topo da hierarquia. Sharma (25) cita um conceito lean, que deve ser aplicado: não demitir. Devem-se utilizar os ganhos obtidos com o pensamento enxuto para o crescimento da empresa.

Nos EUA, trabalhadores entre 18 a 44 anos de idade trabalharão, em média, em 11 empregos, numa média de 30 meses em cada emprego. Conhecendo esta estatística de um órgão governamental americano, percebe-se que o turn over elevado não ocorre somente no Brasil (38). Outro dado interessante é o turn over dos CEOs: na década de 2000, as 2.500 maiores empresas no mundo permaneceram com seus CEOs em média 7 anos. Considero alto este número comparado com o que vemos no noticiário de negócios no Brasil.

Calcular por área e geral.

RH9	Turn Over de Desligamento	Diminuir	(Soma dos Desligamentos)/ (N° de Colaboradores Ativos) x 100
Calcular por área e geral.			
RH10	Turn Over de Substituição	Diminuir	(Soma dos Desligamentos que Serão Substituídos e Contratações para Substituições)/ 2/ (N° de Colaboradores Ativos) x 100
Calcular por área e geral.			
RH11	Índice de Acidentes	Diminuir	Estatísticas de Acidentes Conforme NR 4 (Exemplos, Taxa de Frequência e Taxa de Gravidade)
O zero acidentes deve ser perseguido, sempre. Porém quando ocorrem acidentes este indicador acaba não sendo completo, para comparação ao longo do tempo, pois não leva em consideração a quantidade de horas trabalhadas ou o número de colaboradores expostos aos riscos.			
RH12	5 S	Aumentar	(Total de Pontos Obtidos/ Total de Pontos Possíveis) *100

Tão importante quanto a pontuação são as observações feitas e registradas pelos auditores de 5S. A pontuação por setor auditado pode motivar uma competição, interna no sentido da melhoria. Deve-se calcular uma média geral da empresa, para fins de acompanhamento da melhoria,. Além disso, pode-se visualizar os setores que estão abaixo, na média e acima da média.

RH13	Amplitude da Liderança	Otimizar	(Número Total de Colaboradores – Número de Colaboradores em Posição de Liderança)/ (Número de Colaboradores em Posição de Liderança)
			Segundo o consultor Falconi, uma pessoa pode liderar, diretamente, outras dez pessoas.
RH14	Amplitude do RH	Otimizar	(Número Total de Colaboradores – Número de Colaboradores do RH)/ (Número de Colaboradores do RH)
RH15	Aproveitamento Interno	Aumentar	(Número de Vagas em Aberto Preenchidas por Colaboradores Internos/ Número de Vagas Preenchidas) *100

Esta é uma das práticas, sem dúvida alguma, mais motivacionais em uma empresa. Em alguns casos específicos, a empresa necessita buscar no mercado um profissional mais especializado e/ou com habilidades não disponíveis no quadro atual da empresa e que levaria muito tempo para adquirir a habilidade necessária.

RH16	Crescimento na Carreira	Otimizar	(Número de Colaboradores Promovidos/ Número Total de Colaboradores) *100
RH17	Reajuste Salarial por Mérito de Desempenho	Otimizar	(Número de Colaboradores com Reajuste Salarial por Mérito de Desempenho / Número de Colaboradores com Reajuste Salarial) *100
RH18	Investimento em Treinamento e em Desenvolvimento	Otimizar	(Total Investido em Treinamento e em Desenvolvimento em $/ Faturamento em $) *100
RH19	Eficácia das Contratações Externas	Aumentar	(Número de Colaboradores Contratados que Permaneceram na Empresa após Determinado Período (Exemplo, um Ano))/ (Número Total de Contratados) *100

Um desperdício de recursos, incluindo tempo e resultados não alcançados, pode ocorrer devido à ineficácia de uma contratação. Existem indicações de que uma empresa perca, aproximadamente, 18 meses na execução de seus planos na contratação de um executivo, quando a mesma não dá certo. Drucker (23) menciona o caso do profissional que é avaliado quase como genial quando está trabalhando em outra empresa, inclusive concorrente. Seis meses após o início das atividades, já trabalhando *para nós*, o profissional não apresenta o mesmo desempenho que antes...

| RH20 | Tempo Médio para Conclusão das Contratações (Exceto Liderança) | Otimizar | Somatório dos Tempos para Conclusão das Contratações/ Quantidade de Contratações Concluídas |

A empresa precisa equilibrar o seu desempenho através deste indicador com a qualidade das contratações. Não adianta ter um processo rápido quando não se acerta nas contratações.

| RH21 | Contenciosos Trabalhistas | Minimizar | (Número de Contenciosos Trabalhistas no Período/ Número de Demissões no Período) *100 |

As políticas de RH da empresa, bem como a atuação dos gestores, influenciam diretamente na decisão dos ex-empregados em entrar com processos trabalhistas contra o ex-empregador. O atendimento a 100% dos requisitos da lei e dos acordos coletivos pode minimizar a incidência dos processos, mas não eliminar a ocorrência. A questão do assédio moral está muito latente no dia a dia das empresas. Treinar e conscientizar os gestores no correto relacionamento interpessoal é uma boa iniciativa no sentido de minimizar os casos de assédio.

RH22	Estrutura do RH	Otimizar	(Total de Gastos com o RH em $ / Total de Gastos da Empresa em $) *100
RH23	Pessoal do RH	Otimizar	(Total de Gastos com o Pessoal do RH em $/ Total de Gastos com o Pessoal em $) *100
RH24	Remuneração Variável	Aumentar	(Remuneração Variável em $/ Remuneração Total em $) *100

Acreditando-se que a questão motivacional possa ser influenciada pela busca do alcance de metas, a remuneração variável pode ser importante no engajamento dos colaboradores na empresa.

RH25	Participação nos Resultados	Otimizar	(Participação nos Resultados em $/ Lucro Operacional em $) *100
RH26	Benefícios	Otimizar	(Benefícios em $/ Remuneração em $) *100
RH27	Benefícios por Colaborador	Otimizar	Benefícios em $ / Número Total de Colaboradores
RH28	Gastos com Saúde	Otimizar	Gastos com Programas de Saúde em $/ Número Total de Colaboradores Cobertos

Deve se enfatizar a prevenção, com a adesão dos colaboradores e dependentes aos hábitos mais saudáveis, incluindo aqueles relacionados à alimentação saudável e exercícios regulares. Campanhas contra o tabagismo e o consumo do álcool devem ser constantes.

RH29	Desligamentos	Diminuir	Gastos com Desligamentos em $/ Número Total de Desligamentos
RH30	Variação do Número de Colaboradores	Otimizar	((Número de Colaboradores no Momento 2/ Número de Colaboradores no Momento 1) -1) *100
RH31	Permanência	Aumentar	Somatório dos Tempos de Permanência dos Colaboradores/ Número Total de Colaboradores

Ao se consultar perfis no *website* de relacionamentos profissionais, temos observado uma redução significativa no tempo no qual as pessoas trabalham numa mesma empresa, quando se compara com o que ocorria no passado. Em função do conhecimento tácito, sou um entusiasta no sentido das pessoas terem interesse em permanecer uma temporada maior na empresa. Recentemente, vi o comentário de um *headhunter* no qual ele afirmava que não convidava profissional para participar de processo seletivo se o mesmo não apresentasse uma permanência mínima de 18 meses em cada emprego.

RH32	Idade	Otimizar	Somatório das Idades dos Colaboradores/ Número Total de Colaboradores

A BMW, na Alemanha, desenvolveu uma linha de montagem para colaboradores com idade acima de 57 anos, com enfoque todo especial para a ergonomia. Além desta questão de saúde e segurança, alguns países e algumas empresas têm sentido a dificuldade em substituir toda uma geração de colaboradores quando estes se aposentam. Este indicador pode fazer com que as empresas se preparem para uma situação dessas.

RH33	Reclamações – Administração de Pessoal	Diminuir	Somatório das Reclamações
RH34	Salário Médio	Otimizar	Somatório dos Salários/ Número de Colaboradores

É interessante calcular este indicador por área, para que se possa analisar se a agregação de valor das atividades supera os gastos. Além disso, pode-se comparar com o que é praticado no mercado para aumentar a chance de retenção dos colaboradores.
O salário de um profissional, ao longo da sua vida, aumenta de 8 a 9% em função de cada ano que ele passa na escola (38)
Já toda a experiência adquirida nas empresas, ao longo da vida de um profissional, é equivalente a aproximadamente quatro anos de estudo formal.

RH35	Afastamentos	Diminuir	(Número de Colaboradores Afastados)/ (Número de Colaboradores) *100

500 Exemplos de Indicadores (a maioria comentada) ■ 161

Deve-se calcular por motivo e geral. Motivos: acidente de trabalho, doença ocupacional, licença maternidade, doença não ocupacional, entre outros.

RH36	Desempenho Elevado	Aumentar	(Número de Colaboradores com Desempenho Acima da Média em Avaliação de Desempenho)/ (Número de Colaboradores Avaliados) *100
RH37	Força de Trabalho Flexível	Otimizar	(Número de Temporários e Autônomos/ Número de Colaboradores) *100

Deve-se verificar possíveis restrições impostas pela legislação e por acordos coletivos.

RH38	Efetivação de Estagiários	Aumentar	(Número de Estagiários Efetivados/ Número de Estagiários que Concluíram o Estágio) *100
RH39	Aprendizes	Atender	(Quantidade Real de Aprendizes/ Quantidade Obrigatória de Aprendizes) *100

Vale lembrar que, da forma como o indicador está sendo apresentado, um resultado menor que 100% indica que a empresa está em desacordo com a legislação e portanto deve regularizar sua situação.

RH40	Pessoas com Deficiência (PCD)	Atender	(Quantidade Real de PCD / Quantidade Obrigatória de PCD) *100

Vale lembrar que, da forma como o indicador está sendo apresentado, um resultado menor que 100% indica que a empresa está em desacordo com a legislação, portanto precisa regularizar sua situação. Nem todas as empresas possuem conhecimento em como conduzir a inserção de pessoas com deficiência em seus quadros funcionais. Seria interessante a empresa se apoiar na assessoria de entidade, organização não governamental, ou ainda consultoria especializada no assunto.

RH41	Headcount	Otimizar	(Headcount Real/ Headcount Planejado) *100
RH42	Demissões por Iniciativa dos Colaboradores	Otimizar	(Total de Demissões por Iniciativa dos Colaboradores/ Total de Demissões) *100.

Indicador importante para monitorar as dificuldades em se reter os colaboradores, principalmente os considerados como chaves para a organização.

RH43	Avaliação dos Gestores	Aumentar	(Somatório das Avaliações dos Gestores pelos Colaboradores, Pares e Clientes Internos)/ Número de Gestores

162 ■ Indicadores de Desempenho: Desafios da Escolha e do Uso

	Sem dúvida alguma, praticar esta atividade demonstra um grau de maturidade bastante elevado da empresa. Tão importante quanto este tipo de avaliação, são: as formas de compilar e de apresentar as informações ao avaliado, a reação do mesmo e a elaboração de um plano de melhoria.
RH44	Nível de Serviço da Folha de Pagamento	Aumentar	(Qtde. de Pagamentos Corretos/ Qtde. de Pagamentos) *100
	Este assunto é crítico, pois em geral os colaboradores reclamam quando os pagamentos efetuados são inferiores aos devidos. A dúvida é quanto à incidência de pagamentos maiores que os devidos e que normalmente não são identificados. Com o advento dos sistemas informatizados, a precisão dos pagamentos depende principalmente da atualização dos dados no sistema.
RH45	Entrevistas de Desligamentos	Aumentar	(Qtde. de Entrevistas de Desligamento/ Qtde. de Desligamentos) *100
	Posso dar meu testemunho em relação a este assunto: vale a pena investir tempo nesta atividade. O *feedback* de quem está saindo da empresa agrega, sim, à gestão da mesma. Como a participação deve ser voluntária, o indicador pode não ter como resultado 100% somente se as pessoas não quiserem participar.
RH46	Inspeções de Segurança no Trabalho	Aumentar	(Qtde. de Pontos Obtidos na Inspeção de Segurança no Trabalho/ Qtde. de Pontos Possíveis) *100
	Tão importantes quanto a pontuação obtida são as observações registradas durante a inspeção. Deve-se calcular a pontuação por área e geral. Em geral, essas inspeções são executadas pelos membros da CIPA.
RH47	Inspeções de Segurança no Trabalho – Gestores	Aumentar	(Qtde. de Inspeções Realizadas pelos Gestores / Qtde. de Inspeções Planejadas) *100
	É interessante que os gestores recebam um treinamento sobre as NRs (Normas Regulamentadoras), bem como sobre os conceitos de ergonomia, para que possam realizar as inspeções de forma apropriada. O uso de *check-lists* pode potencializar os resultados da avaliação.
RH48	Riscos	Diminuir	Risco de Cada Atividade, Calculado de Acordo com a Lista de Perigos e Riscos
	Os riscos laborais são levantados normalmente quando da realização do PPRA, por profissional qualificado, e da realização dos mapas de risco, pelos membros da CIPA.

500 Exemplos de Indicadores (a maioria comentada) ■ 163

RH49	Implementação de Ações (Perigos e Riscos)	Aumentar	(Qtde. de Ações Implementadas no Prazo/ Qtde. de Ações Implementadas) *100
A participação dos gestores é primordial para a melhoria do resultado deste indicador.			
RH50	Permissões de Trabalho	Diminuir	Tempo Médio para Emissão e Aprovação de Permissão de Trabalho
As permissões, neste caso, referem-se àquelas relacionadas aos trabalhos que envolvem maior risco aos colaboradores e que necessitam de recursos e providências especiais, para sua realização.			
RH51	Permissões de Trabalho	Aumentar	(Qtde. de Permissões de Trabalho que tenham Previsto todos os Perigos e cujos Controles tenham sido Eficazes/ Qtde. de Permissões de Trabalho Emitidas) *100
A análise da eficácia das permissões é muito importante para o aprendizado dos envolvidos.			
RH52	Eficácia dos Treinamentos	Aumentar	(Qtde. de Treinamentos (ou de Treinandos) que Atingiram os Resultados Mínimos para se Caracterizar a Eficácia)/ (Qtde. Total de Treinamentos (ou de Treinandos)) *100
A verificação da eficácia de um treinamento é um desafio para todas as empresas. Como verificar? Alguns métodos: questionário pré e pós-treinamento, avaliação de desempenho, auditorias, simulação.			
RH53	Alarmes – Respostas	Diminuir	Tempo Médio Entre Acionamento de Alarme E Início Da Resposta
RH54	Resposta às Emergências	Diminuir	(Qtde. de Elementos de Respostas às Emergências não Funcionais quando Ativados/ Qtde de Elementos Ativados) *100
Após simulados e ocorrências reais, deve-se avaliar a atuação de brigadistas e de todos os envolvidos, para melhoria dos procedimentos, alocação de recursos, identificação da necessidade de treinamentos.			
RH55	Presenteísmo	Diminuir	(Produtividade Efetiva/ Produtividade Prevista) *100
Tenho me preocupado muito, nos últimos tempos, com esta questão, como gestor e como consumidor e usuário de serviços. Muitas pessoas estão mais preocupadas com seus *smartphones* do que com suas obrigações contratuais de trabalho. Sem dúvida alguma, muitas pessoas estão viciadas no uso dos seus celulares e precisarão de ajuda profissional para resolver este problema.			

RH56	Melhoria na Avaliação de Desempenho	Aumentar	(Qtde. de Colaboradores que tiveram Melhora na Avaliação de Desempenho em Relação à Avaliação Anterior/ Qtde. de Colaboradores Avaliados) *100
RH57	Atualização de Registros	Otimizar	Soma dos Tempos Necessários para Atualizar os Registros dos Colaboradores/ Total de Registros Atualizados

Conceitos de *lean thinking* (pensamento enxuto) precisam se utilizados em atividades administrativas. Os profissionais de RH precisam se libertar das atividades burocráticas, para que possam atuar de maneira mais gerencial, mais estratégica. Claro que muitas pessoas se sentem mais confortáveis *fazendo coisas* rotineiras, ao invés de atuar de maneira mais criativa.

RH58	Tempo no Cargo	Otimizar	Soma dos Tempos em que os Colaboradores Ocupam o Cargo/ Qtde. de Colaboradores
RH59	Aposentadorias	Otimizar	Qtde de Colaboradores que irão se Aposentar nos Próximos *n* Anos/ Qtde. Total de Colaboradores *100

O grande desafio é capacitar o pessoal que ficará na empresa para desempenhar as atividades daqueles que irão se aposentar. Nem sempre é simples a transferência do conhecimento entre o pessoal mais velho e o mais novo de empresa, pois o conhecimento que está documentado em procedimentos é o explícito. Já o conhecimento tácito, tão importante, é mais difícil de ser transferido. Os processos sucessórios não devem abranger somente os cargos executivos.

RH60	Deslocalização	Otimizar	Soma dos Gastos com Indenizações, *Outplacement*, Contratação
RH61	Diversidade I	Aumentar	Quantidade de Mulheres/ Quantidade Total de Colaboradores*100
Calcular por cargo e por faixa de idade.			
RH62	Diversidade II	Aumentar	Quantidade de Mulheres Gestoras/ Quantidade Total de Gestores*100
RH63	Treinamento II	Aumentar	(Total de Colaboradores Treinados/ Total de Colaboradores) *100

Este indicador é interessante para se monitorar se existe uma concentração dos treinamentos em poucos colaboradores. O indicador de horas de treinamento por empregado não fornece essa informação. Corre-se o risco de se concluir que a força de trabalho está recebendo uma carga horária razoável de treinamento, quando na verdade não está. Deve ser calculado por área e geral.

500 Exemplos de Indicadores (a maioria comentada) ■ 165

RH64	Treinamento III	Otimizar	Total de Investimento em Treinamento/ Quantidade de Colaboradores Treinados
RH65	Absenteísmo II	Diminuir	Total de Dias Perdidos no Período/ Quantidade de Colaboradores
RH66	% de Colaboradores Part-Time	Otimizar	(Qtde de Colaboradores que Trabalham Part-Time/ Qtde Total de Colaboradores) *100
RH67	% de Colaboradores que estão em Período Sabático	Otimizar	(Qtde de Colaboradores que estão em Período Sabático / Qtde Total de Colaboradores) *100

Acredito que somente as empresas grandes com pensamentos grandiosos possuam colaboradores que gozem um período sabático. Nunca conheci um caso sequer em empresas de menor porte. Claro que essa questão não está relacionada ao porte da empresa, mas sim ao grau de maturidade de suas políticas de gestão de pessoas.

RH68	% de Colaboradores que Atuam em Home Office	Otimizar	(Qtde de Colaboradores que Atuam em Home Office / Qtde Total de Colaboradores) *100

Assunto que ainda gera polêmica, mas sem dúvida alguma tem sido cada vez mais praticado, em função dos gastos relacionados à área e mobiliário dos escritórios, bem como das utilidades. O tempo gasto no trânsito e o cansaço resultante também influenciam a decisão das empresas e dos profissionais em aderir a essa prática. Alguns profissionais ficam preocupados em perder visibilidade por não estarem na empresa todos os dias.

RH69	% de Colaboradores Representados por Sindicatos ou por Acordos Coletivos	Aumentar	(Qtde de Colaboradores Representados por Sindicatos ou por Acordos Coletivos/ Qtde Total de Colaboradores) *100
RH70	% de Mulheres em Cargos de Gerência/ Diretoria/ Conselho	Aumentar	(Qtde de Mulheres em Cargos de Gerência/ Diretoria/ Conselho)/ (Qtde de Postos de Gerência/ Diretoria/ Conselho) *100

Países como a Noruega e a Alemanha definiram cotas, através de leis, para que haja um percentual mínimo de mulheres nos conselhos administrativos. Os resultados obtidos através de políticas de cotas são sempre questionáveis.

RH71	% de Colaboradores Locais em Cargos de Diretoria/Conselho	Aumentar	(Qtde de Colaboradores Locais Em Cargos de Diretoria/Conselho)/(Qtde de Postos de Diretoria/Conselho) *100
RH72	Qtde de Colaboradores de Acordo com a Idade I	Otimizar	Qtde de Colaboradores com Menos de 30 Anos
RH73	Qtde de Colaboradores de Acordo com a Idade II	Otimizar	Qtde de Colaboradores entre 30 e 50 Anos
RH74	Qtde de Colaboradores de Acordo com a Idade III	Otimizar	Qtde de Colaboradores com mais de 50 Anos
	Informação importante para se planejar a renovação dos quadros, através de processos de sucessão bem elaborados.
RH75	Parcela de Mulheres no Total da Força de Trabalho	Aumentar	(Qtde de Mulheres/ Qtde Total de Colaboradores) *100
RH76	Savings Resultantes de Sugestões para Melhorias	Aumentar	Savings (em $) Resultantes de Sugestões para Melhorias num Determinado Período
	Acredito que o critério que se deve utilizar para priorizar as melhorias seja: segurança e saúde dos colaboradores, satisfação dos clientes, atendimento às legislações e retorno financeiro. Infelizmente, tive uma experiência profissional numa empresa na qual a direção passou a priorizar as melhorias com maiores retornos financeiros. O resultado dessa prática é que a motivação que existia antes, quando qualquer projeto de melhoria era bem vindo, deixou de existir.
RH77	Remuneração do CEO	Diminuir	(Remuneração Total do CEO ($)/ (Total da Folha de Pagamento ($)/ (Qtde de Colaboradores))

RH78	Capitalismo *Limpo*	Aumentar	Quantidade de Mecanismos que Ligam a Remuneração da Gerência Executiva ao Desempenho Sustentável da Empresa
RH79	Aceitação de Ofertas de Emprego	Otimizar	(Qtde de Ofertas de Emprego Aceitas/ Qtde de Ofertas de Emprego Feitas) *100
Este indicador pode medir a atratividade da empresa aos olhos dos candidatos.			
RH80	Qtde de Entrevistas por CV	Otimizar	(Qtde de Entrevistas Feitas/ Qtde de CV Selecionados)
Este indicador pode medir a atratividade da empresa aos olhos dos candidatos. O envio inicial do CV não representa grande comprometimento com o processo seletivo, nem etapa consumidora de tempo. A participação em entrevista, porém, já demonstra outro nível de interesse. Algumas empresas estão realizando uma primeira entrevista remota, via telefone ou via sistemas de teleconferência.			
RH81	Comissão de Recrutamento-I	Diminuir	(Soma das Comissões Pagas para Recrutamento ($)/ Soma dos Salários Anuais das Vagas Preenchidas ($)) *100
RH82	Comissão de Recrutamento – II	Diminuir	(Qtde de Vagas Preenchidas, com Pagamento de Comissão de Recrutamento/ Qtde de Vagas Preenchidas) *100
RH83	*Feedback* da Gerência Contratante	Otimizar	(Soma dos Tempos entre o Momento no qual o Candidato é Submetido a um Gerente Contratante até o Momento do *Feedback* Inicial do Mesmo/ Qtde de *Feedbacks*)
Exemplo RH84: conforme Gibson (30)			
RH84	% dos Colaboradores que Receberam Treinamento nas Habilidades e Ferramentas da Inovação	Aumentar	(Quantidade de Colaboradores que Receberam Treinamento nas Habilidades e Ferramentas da Inovação)/ (Total de Colaboradores) *100
Deve se ensinar habilidades, não assuntos (35). O modelo tradicional de transmissão de conteúdo, somente, mostra-se ineficaz na educação de pessoas de todas as idades. Principalmente quando falamos de adultos, é necessário se aprender fazendo.			

Indicadores RH85 e RH86- Fonte: (39)			
RH85	Treinadores	Aumentar	Quantidade de Participantes em Treinamentos que se Tornaram Treinadores
RH86	Paradas de Trabalho	Otimizar	Quantidade de Pedidos de Parada do Trabalho Emitida no Local de Trabalho
Importante prática na prevenção de acidentes de trabalho. Nada melhor do que os usuários de uma máquina/ equipamento para identificar problemas no funcionamento das mesmas, o mais cedo possível.			
Fonte: (14)			
RH87	Convenção Coletiva	Aumentar	(Total de Colaboradores Cobertos por Acordos de Convenção Coletiva/ Quantidade Total de Colaboradores) *100
RH88	Proporção de Remunerações	Otimizar	Remuneração Anual Total da Pessoa Melhor Remunerada no País no qual a Empresa Possui Operações Significativas/ Remuneração Total Média Anual de Todos os Colaboradores, Excluindo-se o Mais Bem Pago no Mesmo País
Pesquisas demonstram que não há uma relação direta entre remuneração do principal executivo e o desempenho da empresa.			
RH89	Proporção do Aumento nas Remunerações	Otimizar	Aumento Percentual na Remuneração Anual da Pessoa Melhor Remunerada no País no Qual a Empresa Possui Operações Significativas/ Aumento Percentual na Remuneração Média Anual de Todos os Colaboradores, Excluindo-se o Mais Bem Pago no Mesmo País
RH90	Retorno ao Trabalho após Licença Maternidade	Aumentar	(Quantidade de Pessoas que Retornaram ao Trabalho após Licença Maternidade/ Quantidade de Pessoas que Saíram de Licença Maternidade) *100
RH91	Retenção após Licenças	Aumentar	(Quantidade de Pessoas que Retornaram ao Trabalho após Licença Maternidade e que Continuaram Empregados após 12 Meses do Seu Retorno ao Trabalho/ Quantidade de Pessoas que Retornaram ao Trabalho após Licença Maternidade) *100

| RH92 | Avaliações de Desempenho Realizadas | Aumentar | (Quantidade de Colaboradores Avaliados/ Quantidade Total de Colaboradores) *100 |

Calcular por gênero e por nível hierárquico. Deve-se investir no treinamento dos avaliadores e dos avaliados.

| RH93 | Grupo Responsável por Apurar Discriminação | Aumentar | (Qtde de Colaboradores que Compõe Grupos que Tratam das questões de Discriminação/ Qtde Total de Colaboradores) *100 |

Calcular por gênero, faixas de idade (abaixo de 30 anos, entre 30 e 50 anos, acima de 50 anos), grupos minoritários.

| RH94 | Remuneração Total Homens e Mulheres | Equiparar = 100% | (Remuneração Total do Homem em $/ Remuneração Total da Mulher em $) *100 |

Calcular por cargo.

RH95	Queixas e Reclamações Trabalhistas	Diminuir	Quantidade de Queixas e Reclamações Trabalhistas
RH96	Queixas e Reclamações Trabalhistas Resolvidas	Aumentar	Quantidade de Queixas e Reclamações Trabalhistas Resolvidas
RH97	Treinamentos em Políticas de Direitos Humanos I	Aumentar	Total de Horas de Treinamento em Políticas de Direitos Humanos
RH98	Treinamentos em Políticas de Direitos Humanos II	Aumentar	(Qtde de Colaboradores Treinados em Políticas de Direitos Humanos / Qtde Total de Colaboradores) *100

Calcular por área e por cargo.

| RH99 | Discriminação | Diminuir | Qtde de Casos de Discriminação |
| RH100 | Treinamentos em Políticas de Direitos Humanos III | Aumentar | (Qtde de Pessoas Relacionadas à Segurança Patrimonial Treinadas em Políticas de Direitos Humanos / Qtde Total de Pessoas Relacionadas à Segurança Patrimonial) *100 |

Considerar também o pessoal das empresas contratadas. O pessoal responsável pela segurança patrimonial, normalmente, tem contatos com vários públicos diferentes. Daí o risco de haver maus tratos. O treinamento, a conscientização e a responsabilização são fundamentais. Deve-se avaliar o perfil dos profissionais já no processo de seleção de um novo integrante da equipe, para se evitar problemas no futuro.

RH101	Queixas e Reclamações – Direitos Humanos	Diminuir	Quantidade de Queixas e Reclamações Com Impacto em Direitos Humanos Registradas

Precisam existir canais adequados para o recebimento, registro e encaminhamento das reclamações e queixas. O risco é o de se interpretar que o resultado do indicador é satisfatório, quando na verdade pode existir um processo muito difícil para se fazer as reclamações/queixas, motivo pelo qual a quantidade de ocorrências acaba sendo pequena.

RH102	Queixas e Reclamações Resolvidas – Direitos Humanos	Aumentar	Quantidade de Queixas e Reclamações com Impacto em Direitos Humanos Resolvidas

A eficácia na solução dos casos é que acaba proporcionando a credibilidade para todo o processo. Se as pessoas acreditarem que os seus problemas serão apurados e resolvidos, acabarão por denunciar as ocorrências e incentivarão outras pessoas a fazê-lo.

RH103	Treinamentos no Combate à Corrupção	Aumentar	(Qtde de Colaboradores Treinados no Combate à Corrupção / Qtde Total de Colaboradores) *100

Item	Indicadores – Vendas e *Marketing* (VM)		Interpretação
	Objetivos		
	Descrição	Tendência Favorável	
VM1	Satisfação do Cliente	Aumentar	Média da Satisfação dos Clientes (Questionário)

Tão importante quanto o resultado numérico são os comentários feitos por cada cliente. Ambos devem motivar a elaboração de um plano de ação. Cuidado deve ser tomado em relação às médias, que podem ocultar problemas, levando a equipe a crer que a situação é aceitável, quando na verdade não é. Interessante o questionário possuir um campo para o respondente indicar se gostaria de receber um retorno da empresa. Em caso afirmativo, um membro da equipe muito bem preparado deve fazê-lo.

500 Exemplos de Indicadores (a maioria comentada) ▪ 171

| VM2 | Clientes Ativos | Aumentar | (Qtde. de Clientes que Compraram/ Qtde. de Clientes que Orçaram) *100 |

Sabemos que é interessante se ter uma base maior de clientes que compram, para evitar uma dependência muito grande em poucos clientes. Em períodos difíceis da economia, não é raro perceber que os pequenos clientes acabam mantendo um volume razoável de negócios e portanto ajudando a empresa a se manter no período difícil. Esta é uma etapa muito importante do processo da venda. Se a taxa de conversão for pequena, a empresa deve pesquisar o porquê disto estar acontecendo.

| VM3 | Atendimento dos Orçamentos no Prazo | Aumentar | (Quantidade de Orçamentos Entregues no Prazo/ Quantidade de Orçamentos Realizados) x 100 |

Calcular por cliente, por vendedor e geral. Quando este indicador mostrar um resultado insatisfatório, deve-se levar em conta se a estrutura que a empresa possui é suficiente para elaborar os orçamentos e responder, ou se os prazos solicitados para as respostas dos clientes (reais ou potenciais) beiram o impossível. Sabe-se da importância de se responder rapidamente ao cliente, mas deve-se tomar muito cuidado para não errar (para mais ou para menos) no preço e em outras condições da possível venda.

| VM4 | Pedidos Conquistados | Otimizar | (Valor dos Pedidos Conquistados (em $)/ Valor dos Orçamentos Apresentados ao Cliente (em $)) *100. |

Calcular por cliente, por vendedor e geral. Sugerimos que o objetivo seja o de otimizar, não o de aumentar, nem de diminuir. Se uma empresa fornecedora está convertendo muitos pedidos, a mesma deve tentar entender o porquê: o preço está defasado ou a empresa é reconhecidamente competitiva? Por outro lado, se o índice de conversão de pedidos está muito baixo, a empresa deve tentar descobrir o que está acontecendo para aumentar o mesmo.

| VM5 | Negociações com Clientes | Otimizar | ((Somatório dos Preços Finais/ Somatório dos Preços Iniciais) -1) *100 |

Calcular por pedido, por cliente, por família de produto, por vendedor, por gerência e geral. Este indicador pode mostrar se a empresa está participando de uma verdadeira guerra de preços ou se está conseguindo concluir positivamente as vendas, demonstrando ao cliente o valor da marca, do produto. Podem-se perceber, também, quais vendedores e gerentes se apoiam em descontos para efetuar as vendas.

| VM6 | Cancelamento de Pedidos | Diminuir | (Total Cancelado em $/ Total Vendido em $) *100 |

	Calcular por vendedor, por gerência, por cliente, por família e geral. Importante saber e analisar os motivos dos cancelamentos.		
VM7	Visitas aos Clientes	Otimizar	Quantidade de Visitas aos Clientes/ Período
	Existem clientes que simplesmente não querem ou não podem receber a visita física de fornecedores. Outra questão é o investimento necessário para se executar uma visita, em termos de tempo de deslocamento, gastos com deslocamento. Após cada visita, deve-se elaborar um pequeno registro, para análise posterior sobre a eficácia da mesma.		
VM8	Renovação	Aumentar	(Vendas Líquidas de Produtos Lançados há Menos de um Ano/ Vendas Líquidas Totais) *100
	Existem empresas que possuem estratégia baseada na inovação. Nesses casos, o resultado deste indicador se mostra bastante expressivo, chegando-se a 15% ou mais. Podemos citar a 3M como um exemplo neste sentido.		
VM9	Venda Média	Otimizar	Total de Vendas em $/ Número de Vendedores
	Deve-se calcular por vendedor e por loja. A empresa deve monitorar também as margens de lucro das vendas de cada vendedor. Só o volume, por si só, não é suficiente.		
VM10	Eficácia de Marketing	Aumentar	(*Budget* de *Marketing* em $ / (Volume de Vendas no Período em $/ Volume de Vendas no Período Anterior em $) -1)
VM11	Intenção de Compra	Aumentar	Resultado de Pesquisa de Mercado (Não Clientes) sobre a Intenção de Compra (Marca *Versus* a Concorrência)
	Existem fracassos históricos, neste sentido. A pesquisa deve ser conduzida de maneira muito profissional, por empresa especializada. Caso contrário, pode-se crer numa situação que não se confirma com o tempo.		
VM12	Atendimento de Pedidos (*On Time In Full*)	Aumentar	(Qtde. de Pedidos Atendidos no Período/ Qtde. Total de Pedidos Previstos no Período) *100
	Indicador importante para motivar a análise se a estrutura disponível na empresa é suficiente para atender os compromissos assumidos.		
VM13	Margem por Região	Aumentar	Margem Bruta em $ por Região

VM14	Margem por Representante	Aumentar	Margem Bruta em $ por Representante
VM15	Margem por Segmento	Aumentar	Margem Bruta em $ por Segmento
VM16	Margem por Canal	Aumentar	Margem Bruta em $ por Canal
VM17	Market Share	Otimizar	(Volume Vendido pela Empresa/ Volume Consumido pelo Mercado) *100

Deve-se apurar por região (estado, país, continente etc..). Existem empresas que investem muito para se aumentar o *market share*, que com o tempo não se mostra como essencial para a lucratividade da empresa. Um exemplo recorrente tem sido o das montadoras de veículos.

VM18	Recargas	Aumentar	((Qtde. de Unidades de Recargas/ Qtde. de Unidades Vendidas (Produtos Retornáveis)) *100
VM19	Fidelidade do Cliente	Aumentar	(Volume Comprado/ Volume Total Consumido pelo Cliente) *100

Nem sempre é fácil se obter a informação do consumo total de um cliente. Mas quando se consegue este dado é muito importante para a definição da estratégia que vai se usar. Nem sempre é interessante ser o fornecedor único para um cliente. Deve-se analisar o risco ao fazê-lo. Isto é principalmente sensível em B2B.

VM20	Taxa de Conversão	Aumentar	(Qtde. de Ações que Foram Realizadas/ Qtde. de Tentativas) *100

Deve-se calcular por etapa (exemplo, cada uma das etapas do *funil de vendas*) e geral. Com o cálculo de cada etapa chega-se também à taxa do processo todo. Exemplos – contato inicial: 5/10; apresentação das informações: 4/5; demonstração de interesse: 2/4; compra: ½. Portanto, em média, de cada dez contatos iniciais, fecha-se um negócio.

VM21	Quantidade Média de Itens Vendidos por *Ticket*	Aumentar	Qtde. de Itens Vendidos/ Qtde. de Vendas (*Tickets*)

Deve-se calcular por vendedor e loja.

VM22	Preço Médio de Item Vendido	Aumentar	Total das Vendas em R$/ Qtde. de Itens Vendidos

Deve-se calcular por vendedor e loja.

VM23	Preço Médio por Venda (*Ticket*)	Aumentar	Total das Vendas em R$/ Qtde. de Vendas (*Tickets*)
Deve-se calcular por vendedor e loja.			
VM24	Eficiência do Preço Projetado	Aumentar	(Preço Praticado em R$/ Preço Projetado em R$) *100
Deve-se calcular por produto, linha de produtos e geral.			
VM25	Vendas Ativas	Aumentar	Total das Vendas em R$ Realizadas pela Ação das Equipes de Vendas
Importante ter a visão e a distinção entre os indicadores VM 25 e VM 26, para se chegar à conclusão quanto à eficiência dos recursos alocados em vendas.			
VM26	Vendas Passivas	Aumentar	Total das Compras em R$ efetuadas pelos Clientes em Movimentos Espontâneos dos Mesmos
VM27	Reservas Canceladas	Diminuir	(Qtde. de Reservas Canceladas/ Qtde. de Reservas Feitas) *100
Importante, sempre que possível, é saber o motivo do cancelamento.			
VM28	Ocupação dos Quartos	Aumentar	(Qtde. de Quartos Ocupados x Dias/ Qtde. de Quartos Disponíveis x Dias) *100
VM29	Clientes Satisfeitos	Aumentar	(Qtde. de Clientes Satisfeitos)/ (Qtde. Total de Clientes) *100
Mais importante do que o resultado final deste indicador, é dar atenção aos clientes que se mostraram insatisfeitos. Deve-se analisar o porquê da insatisfação, bem como tentar reverter o quadro numa próxima avaliação.			
VM30	Retenção	Aumentar	(Vendas de Negócios Repetidos em $)/ (Vendas em $) *100
VM31	Novos Clientes	Aumentar	(Qtde. de Novos Clientes)/ (Qtde. Total de Clientes) *100
VM32	Tempo Médio de Relacionamento com os Clientes	Aumentar	(Soma dos Tempos de Relacionamento com os Clientes)/ (Qtde. Total de Clientes)
Exemplos VM33 e VM34: conforme Gibson (30)			

VM33	Quantidade de Negócios Lançados nos Últimos n Meses	Aumentar	Soma dos Produtos, Serviços, Negócios Lançados nos Últimos n Meses
VM34	Propaganda Dedicada aos Produtos Realmente Inovativos	Aumentar	(Parcela do Orçamento para a Propaganda Dedicada aos Produtos Realmente Inovativos/ Total Gasto em Propaganda) *100

Item	Indicadores – *Web* (WEB)		
	Objetivos		**Interpretação**
	Descrição	Tendência Favorável	
Fonte: (39)			
WEB1	Quantidade de Visitantes Únicos	Aumentar	Soma dos Visitantes Únicos em um Período de Tempo
WEB2	Tempo Acessando a Web	Aumentar	Tempo Médio dedicado pelos Usuários a Navegar pela Página da Web, por Visita
Este indicador deve ser analisado com cuidado: o conteúdo do *website* pode ser considerado interessante, e aí o visitante permanece um tempo maior, ou a navegação pelo mesmo pode ser confusa às vistas do usuário e uma demora maior pode ser considerada como problema?			
WEB3	*Downloads*	Aumentar	Quantidade de *Downloads* feita na Página Web
WEB4	Acessos I	Aumentar	Quantidade de Acessos feitos ao *Website* por Área Geográfica
WEB5	Acessos II	Aumentar	Quantidade de Acessos feitos ao *Website* por Extensão do Acesso (.edu, .gov etc.)
WEB6	Quantidade de Comentários	Não Aplicável	Soma dos Comentários Recebidos na Página Web em um Período de Tempo

Tenho lido textos, artigos muito interessantes, com 50 mil acessos e nenhum comentário. Fico até na dúvida se não há um problema para se registrar e visualizar os comentários, nesses casos.			
Fonte: (42)			
WEB7	Novos Visitantes	Aumentar	Quantidade de Novos Visitantes ao *Website*
WEB8	Novos Clientes	Aumentar	Quantidade de Novos Clientes
WEB9	Pedidos	Aumentar	Total dos Pedidos em $
Calcular por hora, dia, semana, mês.			
WEB10	Páginas	Aumentar	Quantidade de Páginas Vistas por Visita
Este indicador pode demonstrar quem está interessado pelo conteúdo que está encontrando e pode estar indo mais a fundo, ou que não está encontrando o que precisa. Sugiro cautela na análise deste resultado.			
WEB11	Taxa de Retorno	Aumentar	(Qtde de Visitantes que Retornaram/ Qtde de Visitantes) *100
Interessante quando o visitante volta, não é? Porém, para que isto ocorra, sem dúvida, pode ajudar se ele tiver uma mãozinha no sentido de receber um *newsletter* ou um *email* notificando da existência de novidades na página.			
WEB12	Serviço ao Cliente	Diminuir	Qtde de Casos Abertos no Serviço ao Cliente
WEB13	*Pay Per Click*	Diminuir	(Total Gasto com *Pay Per Click* em $/ Total das Vendas em $) *100
WEB14	Conversões	Aumentar	Quantidade de Vendas/ Quantidade de *Pay Per Click*
WEB15	Valor Médio do Pedido	Aumentar	Soma dos Valores dos Pedidos em $/ Qtde de Pedidos

Referência Especial

Tive o prazer de descobrir as obras deste autor em 2012. Eu estava pesquisando, ao mesmo tempo, o tema gestão *do desempenho da empresa, com o uso de indicadores* e *gestão de empresas no segmento do petróleo*. Foi aí que descobri um autor que abordava estes dois assuntos de forma combinada. Inicialmente encontrei na Internet uma série de artigos patrocinados por uma consultoria norte-americana, sobre a aplicação de indicadores de desempenho. Daí para os livros do autor foi um passo natural. Até o momento da redação deste livro, já li quase todos os seus livros (acredito que estejam faltando, no máximo, dois livros ou três de sua autoria). Acabei utilizando boa parte da sua obra na elaboração da minha monografia para um curso de pós-graduação em engenharia do petróleo e gás natural, onde abordei a gestão do desempenho de uma empresa de petróleo da Noruega.

Jeremy Hope

O autor defende o fim dos orçamentos anuais, dos contratos fixos de metas, a diminuição (ou a extinção) do modelo de gestão conhecido como *comando e controle*. Ele defende ainda a delegação extremada, a confiança nas pessoas, o uso do *forecasting*, desvinculado do alcance de metas e da remuneração variável. Talvez o princípio mais importante de uma medição eficaz seja que a mesma derive do propósito ou estratégia da empresa (13).

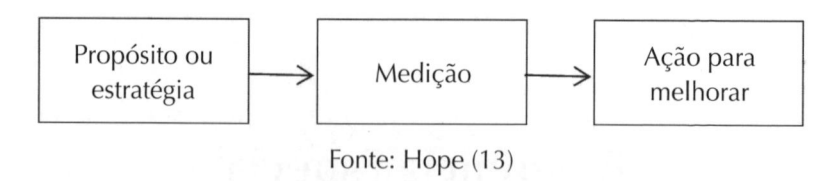

| Propósito ou estratégia | → | Medição | → | Ação para melhorar |

Fonte: Hope (13)

Porter diz que a estratégia, por exemplo, é decidir entre duas formas de competir: pela diferenciação no mercado, através de agregação de valor ao cliente, ou pelos baixos custo e preço (32). Segundo os dados de Porter, empresas que possuem uma estratégia clara apresentam um melhor desempenho do que aquelas que não possuem ou que tentam trilhar os dois caminhos.

Infelizmente, Hope já faleceu. Mentes brilhantes como a dele poderiam produzir mais obras úteis à humanidade. Então, o que podemos fazer é nos aprofundar nas obras que ele produziu.

Bibliografia

Livros:
1 – FALCONI, Vicente. *O verdadeiro poder.* Nova Lima: INDG Tecnologia e Serviços Ltda., 2009.
2 – HOPE, Jeremy, BUNCE, Peter, RÖÖSLI. Franz. *The Leader's Dilemma.* United Kingdom: John Wiley & Sons, 2011.
12 – HOPE, Jeremy, OLAYER, Steve. *Beyond performance management.* Harvard Business Review Press, Boston, Massachusetts, 2012.
13 – HOPE, Jeremy. *Reinventing the CFO.* Harvard Business School Press, Boston, Massachusetts,2006.
15 – PARMENTER, David. *Key Performance Indicators.* John Wiley & Sons, Inc., Hoboken, New Jersey, 2010.
16 – COLLINS, Jim, T. HANSEN, Morten. *Vencedoras por opção.* HSM Editora, São Paulo, 2012.
17 – BOSSIDY, Larry, CHARAN, Ram, with BURCK, Charles. *Execution.* 1st. Edition, Crown Business, New York, 2002.
20 – HOPE, Jeremy, FRASER, Robin. *Beyond budgeting.* Harvard Business School Publishing Corporation, Boston, 2003.
21 – BOGSNES, Bjarte. *Implementing Beyond Budgeting.* John Wiley & Sons, Inc., New Jersey, 2009.

23 – F. DRUCKER, Peter. *The effective executive – the definitive guide to getting the right things done.* Harvard Business Review, New York, 2006.

25 – SHARMA, Arnand, E. MOODY, Patricia. *A máquina perfeita – Como vencer na nova economia produzindo com menos recursos.* Prentice Hall, São Paulo, 2003.

26 – FIFER, Bob. *Double your profits in 6 months or less – 78 ways to cut costs, increase sales & dramatically improve your bottom line.* Harper Business, New York, 1995,

27 – WALTON, Sam with HUEY, John. *Sam Walton – Made in America – my story.* Bantam Books, New York, 1993.

28 – BRYNJOLFSSON, Erik, MCAFEE, Andrew. *The second machine age – work, progress and prosperity in a time of brilliant technologies.* WW Norton & Company, New York, 2014.

29 – R. COVEY, Stephen. *Principle centered leadership.* Fireside, New York, 1992.

30 – SKARZYNSKI, Peter, GIBSON, Rowan. *Innovation to the core – a blueprint for transforming the way your company innovates.* Harvard Business Press, Boston, Massachusetts, 2008.

32 – MICKLETHWAIT, John, WOOLDRIDGE, Adrian. *The witch doctors – Making Sense of the Management Gurus.* Times Books, New York, 1997.

33 – LAREAU, William. *Office Kaizen – Transforming office operations into a strategic advantage*, ASQ Quality Press, Milwaukee, Wisconsin, 2003.

34 – SHINGO, Shigeo. *O sistema Toyota de produção do ponto de vista da Engenharia de produção.* Artmed, Porto Alegre, 1996.

35 – SCHANK, Roger. *Teaching minds – how cognitive science can save our schools.*Teachers College, New York, 2011.

36 – J. JACKA, Mike, J. KELLER Paulette. *Business process mapping: improving customer satisfaction.* John Wiley & Sons, Inc.,New York, 2002.

38 – C. POZEN, Robert. *Extreme Productivity – Boost your results, reduce your hours – Lessons on high performance from a highly effective executive.* HarperCollins Publishers, New York, 2012.

43 – PEASE, Allan. *Como se tornar um campeão de vendas – técnicas para ganhar a confiança das pessoas e atingir melhores resultados.* Rio de Janeiro, 2009.

50 – OHMAE, Kenichi. *O estrategista em ação – a arte japonesa de negociar.* Pioneira, São Paulo, 2ª edição, 1985.

Artigos/ textos/ relatórios/ revistas:

3 – *Sustainable Development Report in Germany,* 2010.

4 – www.kpilibrary.com

5 – *KPI Report for the Minister for Construction* (January, 2000).

6 – Cartilha FIESP – *Desempenho Ambiental da Indústria,* 2004.

7 – *International Association of Oil and Gas Producers –* report 456, November 2011.

8 – *Statoil Annual Report,* 2012.

9 – IOWA State University College Engineering – *Key Performance Indicators Fall,* 2011.

10 – www.anvisa.org.br

14 – *G4: Sustainability Reporting Guidelines –* GRI: Global Reporting Initiative – https://www.globalreporting.org , acessada em 23/04/15 e em 20/06/15.

18 – D. ORDÓÑEZ, Lisa et al. *Goals gone wild – the systematic side effects of over-prescribing goal setting.* Working paper, Harvard Business School, USA,2009.

19 – *Revista Exame –* Edição 1088. Editora Abril, São Paulo, 2015.

22 – *The Statoil Book,* Statoil, Noruega, 2011. Disponível em: http://www.statoil.com . Acessada em 13 de junho de 2013.

24 – *Key performance indicators – guideline 3,* State of Victoria,Australia, 2010.

31 – DE FÁVERO, Ronaldo. Artigo *Sustentabilidade,* disponível em http://www.rhevistarh.com.br/portal/?p=7394. Publicado originalmente em 01/07/2012.

37 – *Healthcare Accreditation Magazine – Joint Commission International,* Associação Brasileira de Acreditação de Sistemas de Saúde, Number 1/2014.

39 – *Partnerships for environmental public health – Evaluation metrics manual,* NIEHS – National Institute of Environmental Health Sciences, NIH Publication no. 12-7825, disponível em http://www.niehs.nih.gov/research/supported/assets/docs/a_c/complete_peph_evaluation_metrics_manual_508.pdf, acessado em 11/07/15.

40 – *Helthcare metrics,* disponível em: http://www.rwilliford.com/healthcare_metrics.html, acessado em 11/07/15.

41 – http://www.pnmsoft.com/resources/bpm-tutorial/key-performance-indicators/, acessado em 11/07/15.

42 – TRAXLER, Dale. *21 Key Performance Indicators for Ecommerce Businesses,* February 8th, 2013, disponível em:

http://www.practicalecommerce.com/articles/3906-21-Key--Performance-Indicators-for-Ecommerce-Businesses, acessado em 18/07/15.

44 – MARTIN, Michaela, SAUVAGEOT, Claude. *Constructing indicator system scorecard higher education – a practical guide.* International Institute for Educational Planning, Unesco, Paris, 2011, disponível em: http://www.uis.unesco.org/Library/Documents/constructing-indicator-system-scorecard-higher-education-2011-en.pdf, acessado em 18/07/15.

45– *Our key performance indicators,* British Petroleum (BP), disponível em: http://www.bp.com/as/global/corporate/about-bp/our-strategy/key-performance-indicators.html, acessado em 14/02/15.

46 – FAHMIDA IMAM, Syeda. *Developing framework to analyze world-class maintenance (WCM) indicators: gap analysis to hi-*

ghlight challenges and opportunities for the Norwegian petroleum industry, University of Stavanger, Norway – 15/06/2012.

47 – *GRI Oil and Gas Sector Supplement* – summary guide – version 3.1.

48 – Guide to key performance indicators – *Communicating the measures that matter*, PWC, 2007.

49 – *Process Safety – Recommended Practice on Key Performance Indicators*, Report no. 456, OGP – International Association of Oil and Gas Producers, November, 2011.

Outras fontes:

11 – Colaboração de usuários do LinkedIn.

Sobre o autor

- Nascimento: 02/07/1967, em Santo André – São Paulo
- Consultor empresarial desde 1992 – Fávero Assessoria e Treinamento Ltda.
- Atuação como gerente Geral, Gerente de Planta e Gerente da Qualidade em indústrias metalúrgicas
- Pós-graduado em Petróleo, Biocombustíveis e Gás natural
- Pós-graduado em Qualidade
- Pós-graduado em RH (MBA)
- Bacharel em Matemática
- Ex-professor de pós-graduação, no curso de Qualidade e Produtividade
- Professor substituto em curso de pós-graduação em Gestão Ambiental/ Peritagem e em Engenharia de Segurança do Trabalho
- Professor de Tecnologia em Processos Químicos e Técnico em Petróleo e Gás
- Palestrante nos temas *Indicadores de desempenho, Profissional do século XXI, Sustentabilidade*, em diversos eventos e instituições.

QUALITYMARK EDITORA

Entre em sintonia com o mundo

Qualitymark Editora Ltda.
Rua Teixeira Júnior, 441 - São Cristóvão
20921-405 - Rio de Janeiro - RJ
Tel.: (21) 3295-9800
Fax: (21) 3295-9824
www.qualitymark.com.br
E-mail: quality@qualitymark.com.br

Dados Técnicos:

• Formato:	14 x 21 cm
• Mancha:	11 x 18 cm
• Fonte:	OptimaLTStd
• Corpo:	11
• Entrelinha:	13
• Total de Páginas:	200
• 1ª Edição:	2017